仏教から読み解く
老舗（しにせ）企業
「長寿」の不思議

ブッダの『智慧（ちえ）』がサステナブルな組織を育む

小倉幸雄 [著]

序論

　日本は、「老舗企業」が多い国です。2024年現在、創業100年を超える企業は、4万社を超え、世界第1位です。

　何故、日本に長寿となる企業が多いのか。また、何故、当該企業が長寿になったのか。実地調査やアンケートなど、ケーススタディを中心として、様々な方面から調査研究がなされてきました。

　その報告書の中では、長寿の要因として、社員を大切にすること、積極的に地域貢献をすること、確固たる経営理念と同時に革新性を持つことなどが示唆されています。

　中でも、日本人の精神的支柱とされる仏教に焦点をあて、仏教に裏付けされた倫理性や道徳性の高さを指摘するものについては、「もの栄えて、こころ滅びた」の時代において、企業の行く末を見定めるにあたり重要な指摘と考えます。

　それは、近代組織論の創始者であるC・I・バーナード（Chester Irving Barnard、1886〜1961年）が『経営者の役割』（The Functions of the Executives）において、「組織の存続は、それを支配している道徳性の高さに比例する」と主張した観点とも一致するからです。

　具体的には、息の長い企業では、金剛組をはじめとする業歴1,000年を超える企業のほとんどが、創業時、事業内容や、創業の経緯において仏教と大きく関わっていました。

さらに、住友財閥、三井財閥、三菱財閥、安田財閥、伊藤忠商事、丸紅など、巨大資本へと発展した老舗企業では、その創業者が僧侶であったり、大檀那〔大きな布施をする檀家〕であったり、篤い信仰心を持つ仏教徒だったと伝えられています。

他の老舗企業をみても、熱心に仏教を信仰していたところが多く、商売を仏道の一環として捉えている商人さえおり、仏教に依拠した高い道徳性をもっていました。

さりながら、仏教が老舗企業の創業と発展に重要な役割を果たしたといわれても、仏教について、抹香臭い、時代遅れ、非科学的、危険なものとの先入観を持ち、仏教離れを起こし、「無宗教」を標榜して憚らない現代の日本人には、受け入れがたいところがあります。

確かに、現状に照らして、多くの人がそのように思議することは理解ができます。しかし、一方では、合理的な思考を持ち、「始末して気張る」を旨に、荒波を乗り越えてきた商人を考えてみると、「不必要なもの」や「怪しげで、いい加減なもの」に、大切な時間と財を費やし、情熱を傾けるはずがないことも是認できることと思います。

そこで、本書では、商人たちが信仰し、しかも老舗企業の長寿性に影響を与えた仏教とは、如何なるものか、その概要を示すとともに、現代の私たちが「無宗教」に至った経緯についても明らかにします。

その上で、老舗企業の家訓に込められた仏教の要諦を探り、長寿となった不可思議を解き明かします。
　そこから、変貌する社会を超える「智慧（ちえ）」が観えてくるものと推量します。

注
1）老舗とする創業年数について、調査機関により異なります。本書では、100年以上の企業を「老舗企業」をもって表示します。
2）仏教の難解さは周知の通りです。また、膨大（ぼうだい）な教えをこの小冊子に詰め込むことには無理があります。しかし、老舗企業の長寿性を明らかにするにあたり、不可欠と判断し、特定の宗派に偏ることなく、釈尊の教えに基づき、その基本を示します。理解が及ばず、混乱させてしまうことがあれば、ご寛恕（かんじょ）下さい。
3）釈尊、各上人（しょうにん）、研究者などに関連することがらは、本来、敬語をもって表現すべきところですが、紙面の都合と表現の煩雑さを避けるため、簡略化することをご容赦下さい。
4）『経典』の引用については、本来、典拠の原文を用いるべきですが、「わかりやすさ」に鑑み、必要に応じて、書き下しを「である調」で、もしくは、現代語に翻訳して「です・ます調」を以て示します。
5）旧漢字は新漢字に直して表示し、仏教用語などの難解な語には、〔　〕にて解説を入れ、仏教独特の読みについては、ルビを振ります。
6）年号については、原文の表現を尊重し、和暦であれば、西暦を付します。

目　次

序論 ………………………………………………………… 3

第 1 章　老舗企業大国「日本」
第 1 節　老舗企業の多い国 ……………………………… 8
第 2 節　老舗企業大国となった要因 …………………… 10

第 2 章　老舗企業と仏教
第 1 節　1,000年企業と仏教 …………………………… 12
第 2 節　四大財閥・五大商社と仏教 …………………… 19
第 3 節　老舗企業のゆりかご「仏教国 日本」 ……… 28

第 3 章　仏教への誤解
第 1 節　仏教離れ ………………………………………… 31
第 2 節　「無宗教」を自称する日本人 ………………… 33

第 4 章　自称仏教徒から自称無宗教へ
第 1 節　寺院の変化 ……………………………………… 36
第 2 節　日本人の変化 …………………………………… 45

第 5 章　仏教概説
第 1 節　真理の教え「仏教」…………………………… 55
第 2 節　仏教の歴史 ……………………………………… 58
第 3 節　日本の13宗 ……………………………………… 62

第 6 章　仏教の基本「四諦八正道」
第 1 節　四諦八正道 ……………………………………… 72
第 2 節　苦諦 ……………………………………………… 73
第 3 節　集諦 ……………………………………………… 85
第 4 節　滅諦と道諦 ……………………………………… 91

第7章　仏教の根本原理「因果の道理」
- 第1節　因果の道理 …………………………………… 93
- 第2節　三世と輪廻転生 ……………………………… 96
- 第3節　業 ……………………………………………… 104
- 第4節　縁 ……………………………………………… 107

第8章　仏教の根本理念「三法印」
- 第1節　四大 …………………………………………… 111
- 第2節　三法印 ………………………………………… 113

第9章　仏教的世界観と科学的世界観
- 第1節　発想の転換の必要性 ………………………… 117
- 第2節　科学の思考方法「二元論」 ………………… 121
- 第3節　仏教の思考方法「一元論」 ………………… 127

第10章　自然法爾
- 第1節　自然 …………………………………………… 130
- 第2節　自然法爾 ……………………………………… 133
- 第3節　自力から他力へ ……………………………… 138

第11章　家訓にみられる仏教精神
- 第1節　家訓とは ……………………………………… 141
- 第2節　三方よし ……………………………………… 143
- 第3節　悪莫作　衆善奉行 …………………………… 145
- 第4節　陰徳善事 ……………………………………… 152
- 第5節　商売は菩薩の業 ……………………………… 154
- 第6節　不易流行 ……………………………………… 163

結びにかえて ………………………………………… 171

あとがき
主要参考文献

第1章　老舗企業大国「日本」

■第1節　老舗企業の多い国

第1項　老舗とは

　日本は、世界の中でも老舗(しにせ)企業の多い国です。
「老舗」の「老」は長い経験を積んでいるありさま、「舗」は店の意で、「老舗」とは、「代々、続いて繁盛している店」をいいます。
「帝国データバンク」の調査によれば、日本における老舗企業の数は、2024年度9月現在、4万5,284社にのぼり、毎年1,000社以上がその仲間に加わっています。
　企業の平均存続年数は、23.1年ほど(東京商工リサーチ)といわれます。そのような中で、100年を超えて経営を続けることは並大抵なことではありません。そのため、老舗企業は、経営の手本とされ、様々な角度から研究がなされてきました。

第2項　世界の老舗企業数

　一口に、「老舗企業」といっても、上場企業から家族経営まであり、形態も、業歴も多種多用です。その実態について、帝国データバンク、東京商工リサーチ、日経BPコンサルティングをはじめとする調査機関、ならびに各大学の研究者などにより、様々な観点から調査研究がなされています。

第1節　老舗企業の多い国

　日経BPコンサルティング「周年事業ラボ」による2022年の調査では、世界の老舗企業の実態が、表１、表２のように明らかにされています。日本は、100年以上で50.1％、200年以上では65.2％と、ともに世界１位です。

表１　創業100年以上の企業数と比率

		企業数	比率(%)
1位	日本	37,085	50.1
2位	米国	21,822	29.5
3位	ドイツ	5,290	7.1
4位	英国	1,984	2.7
5位	イタリア	1,182	1.6
6位	オーストリア	649	0.9
7位	カナダ	594	0.8
8位	フィンランド	474	0.6
9位	オランダ	467	0.6
10位	オーストラリア	425	0.6

表２　創業200年以上の企業数と比率

		企業数	比率(%)
1位	日本	1,388	65.2
2位	米国	265	12.4
3位	ドイツ	223	10.5
4位	英国	81	3.8
5位	ロシア	38	1.8
6位	オーストリア	34	1.6
7位	オランダ	17	0.8
8位	ポーランド	16	0.8
9位	イタリア	14	0.7
10位	フランス	11	0.5

日経BPコンサルティング「周年事業ラボ」調査データ「2022年版100年企業〈世界編〉」

　このような調査結果をみると、
　① 何故、日本が老舗企業大国となったのか。
　② 何故、その企業が長寿になったか。
との疑問が生じます。

■第2節　老舗企業大国となった要因

　日本が老舗企業大国になった要因について、野村進氏などの先行研究において、
　① 植民地支配や大規模な内戦がなかったこと。
　② 老舗を大切にする日本人独特の気質。
が指摘されています。

第1項　植民地支配や大規模な内戦がなかった

　ヨーロッパおよびアジア大陸では、古来、民族や宗教の違いにより、異民族が入り乱れて、侵略、征服が繰り返され、幾度となく建国と亡国とを重ねてきました。

　ことに、大航海時代以降のアジア諸国では、日本、タイ、ネパール、ブータンを除き、多くの国が、欧米列強国により侵略され、植民地となり、辛酸をなめることになりました。しかし、日本は、四方を海に囲まれていることもあり、第二次世界大戦に敗戦するまでは、外的侵入はなく、他国からの統治を受けることはありませんでした。

　内乱についても、権力闘争や一揆などによる局地的な武力抗争はありましたが、国土全体を戦場とする、壊滅的ものはありませんでした。中でも、江戸時代に迎えた260年にわたる平和は、世界に類をみません。

第2項 日本人の気質

老舗には、他を持って代えがたい独特の魅力があります。

高品質のサービスや商品を長い期間にわたり提供し、厚い信用を得て、顧客や地域との強い繋(つな)がりを持ち、それらを頑(かたく)なに守っています。しかも、変化を恐れることもありません。

もともと、日本人は、新しいものを取り入れ、自分のものとすることに長(た)けているといわれます。かつては、中国や朝鮮半島の国々から、明治以降には、欧米諸国から、新しいものを取り入れ、既存のものと融合させ、独自の文化を築いてきました。

新しいことに挑戦しつつも、伝統とそれを守る心を大切にし、そこに価値を認め支持し、守ってきたのが日本人といえるでしょう。その精神は、企業においても、息づいています。2005年に世界最古の企業である金剛組(こんごうぐみ)が倒産の危機を迎えました。その際、救いの手を差し伸べた、大阪の髙松(たかまつ)建設グループ、髙松孝育(たかとし)会長のコメントです。

　　金剛組を潰したら大阪の恥や。古いものは一度なくなってしまうと二度と元に戻すことはできない。そうなれば長い年月、積み重ねてきた人の努力も技術もなくなってしまう。商人の街、大阪の上場企業として、それを見逃すようなことはできない。

(リクナビNEXTジャーナル2014/11/12)

第2章　老舗企業と仏教

■第1節　1,000年企業と仏教

　東京商工リサーチの全国「老舗企業」調査によると、2024年現在、業歴1,000年を超えている企業は8社あります。

表3　1,000年企業

	企業名	創業年	業　種	所在地
1	㈱金剛組	578	木造建築工事業	大阪府
2	池坊華道会	587	生花・茶道教授業	京都府
3	㈱西山温泉慶雲館	705	旅館・ホテル	山梨県
4	㈱古まん	717	旅館・ホテル	兵庫県
5	㈱善悟楼（法師）	718	旅館・ホテル	石川県
6	㈱田中印雅仏具店	889	宗教用具製造業	京都府
7	㈱佐勘	1,000	旅館・ホテル	宮城県
8	㈱朱宮新仏具	1,024	宗教用具製造業	山梨県

東京商工リサーチ　全国「老舗企業」調査

第1項　金剛組（578年創業）

　金剛組は、大阪にある建設会社です。

　世界最古の企業としてギネスブックに取り上げられています。日本仏教の祖、聖徳太子が四天王寺建立のため、百済〔朝鮮半島の国〕から招いた宮大工・金剛重光によって創業されました。代々、金剛一族が経営してきましたが、経営の悪化にともない、2006年に髙松建設の子会社となりました。

（金剛組ホームページ参照）

第2項　池坊華道会（587年創業）

　池坊華道会は、華道の家元です。

　四天王寺建立のための用材を求めて京都盆地を訪れた聖徳太子が池で身を清めようとしました。その際、念持仏としていた如意輪観音像を木に掛けたところ動かなくなりました。そして、その観音像が太子に「この地にとどまって人々を救いたい」と告げたため、六角形の御堂を建てて安置しました。それが六角堂頂法寺です。

　太子に仕えていた小野妹子〔遣隋使として知られる〕が出家してこの寺に入り、御本尊の如意輪観音像に、朝夕、花を献じました。その後、家元を兼ねた住職が様々な工夫を加え、「生け花」の成立に至ったといわれています。

　僧侶の住まいである住坊が、その池のほとりにあったことから、その住坊を池坊と呼ぶようになりました。

（池坊華道会ホームページ参照）

第3項　西山温泉　慶雲館（705年創業）

　慶雲館は、山梨県南巨摩郡早川町にある温泉旅館です。世界最古の温泉旅館としてギネスブックに取り上げられています。

　藤原真人により発掘、開湯されました。藤原真人は藤原鎌足の長子で学僧として渡唐し、出家し定恵と名乗りました。

　ある日のこと、真人が狩猟の途中、湯川のほとりにさしか

かった時、岩の間より盛んに噴き出している熱湯を偶然に発見しました。試みに入ってみたところ、神気爽快、四肢軽快、今までの労れもすっかり治ってしまい、大変驚き、喜びました。その後、険しい山の中に道を開き、湯つぼを造らせました。やがて「近隣に隠れた名湯あり」と伝えられ、病弱に苦しむ人々が湯治に訪れるようになりました。

(西山温泉慶雲館ホームページ参照)

第4項　城崎温泉　古まん（717年創業）

古まんは、兵庫県豊岡市城崎町にある温泉旅館です。

地蔵菩薩の化身といわれた道智上人が衆生済度の大願を発して諸国を巡っていました。

養老元年（717）、城崎の里に来て、四所明神に祈願をこめました。すると明神から、

「ここから未申〔西南方向〕に当たって三本の杉の樹がある。これこそ生身の釈迦三尊である。汝願をかなえんとならば、此の杉の下に於いて千日の間八曼陀羅の諸仏を拝し、香を焚き、妙経を読み、香の灰を八ヶ所に埋めよ」

とのお示しがありました。

上人は千日の間ここで修行し、持てる独鈷で穿つと清水が滾々と湧出しました。それが独鈷水です。さらに、千日祈願の香の灰と八曼陀羅とを埋めると、大地が震動して天は曼陀羅華を雨ふらし湧泉そこより迸り出で、温泉が出ました。

「悪世の衆生の罪業深くして悪報の病を受け、悩み苦しむ輩を、この霊湯によって療してやれとの神のお告げの尊さよ」と大願を発しました。その湯が今の曼陀羅湯です。

(古まんホームページ参照)

第5項　粟津温泉　法師（718年創業）

法師は、石川県小松市にある温泉旅館です。

奈良の都を中心に仏教が盛んになったころ。多くの名僧が人跡未到の高い山に登り、厳しい修行を積むことで仙人の術を会得しようとしていました。その一人が泰澄大師（682〜767年）です。

泰澄大師が白山山頂で荒行を始めてからおよそ1年後のある夜。白山大権現が夢枕に立たれ、こう申されました。「この白山のふもとから山川を5、6里行った所に粟津という村がある。そこには薬師如来の慈悲による霊験あらたかな温泉がある。しかし、まだ誰一人として地中深く隠れたその霊泉のことを知らぬ。山を下りて村人と力を合わせて掘り起こし末永く人々のために役立てなさい」

神のお告げに従って粟津へ赴き、霊泉を掘り当てた大師は、試しに病人を入浴させたところ長患いだった病が治りました。そこで大師はこれまでずっと身近に使えていた弟子の「雅亮法師」に一軒の湯治宿を建てさせ、その湯守りをまかせました。

これが「法師」と呼ばれる宿の1,300年余り続く歴史の始まりです。
(法師ホームページ参照)

第6項　田中伊雅仏具店（889年創業）

田中伊雅仏具店は、京都市下京区に本店を置く仏具店です。平安京遷都により建立された寺院に仏具を納めるべく、創業しました。真言宗や天台宗をはじめ各宗派の仏具の製造を続けています。明治の廃藩置県の頃、現在の「伊雅」に改名するまでは、田中伊賀を名乗っていました。

(田中伊雅仏具店ホームページ参照)

第7項　朱宮神仏具店（1024年創業）

朱宮神仏具店は、山梨県甲府市に本社を置く、宗教用具小売業です。仏教の伝来とともに、初代が中国に出かけ、宮廷より「朱宮」の名を頂き、万寿元年（1024）に京都にて神仏具の販売を開始し、明治13年（1880）には拠点を甲府に移しました。

(朱宮神仏具店ホームページ参照)

第8項　秋保温泉　ホテル佐勘（1184年創業）

佐勘は、宮城県仙台市太白区秋保町にある温泉旅館です。創業当初の仏教との関りは不明です。その後において、高野山との深い縁が確認できます。

1592年に大火に見舞われ、屋敷と湯宿を焼失してしまいま

した。その後、再建されましたが、再度の火難を除けるために、高野山より弘法大師以来伝わっている聖火を分灯してもらい、今に伝えています。

(佐勘ホームページ参照)

さらに、旅館の近くに、「薬湯山泉 明 寺」〔現在は真言宗〕があります。この寺院は欽明天皇〔日本に仏教を受容〕の皮膚病を癒したことにより「名取の御湯」の称号を賜った「薬湯」を鎮護するため、慈覚大師円仁〔第3代天台座主〕によって開創されたものです。このことからも仏教との深い縁を感じます。

第9項　その他

五位堂工業、中村社寺、一文字屋和輔も創業1,000年を超えるといわれています。

1．五位堂工業（745年創業）

五位堂工業は、奈良県香芝市にある鋳物会社です。

東大寺の盧舎那仏像〔奈良の大仏〕の建立に携わったと伝えられています。

(五位堂工業ホームページ参照)

2．中村社寺（970年創業）

中村社寺は、愛知県一宮市にある社寺仏閣特殊建築工事業を主業務とする会社です。

第2章　老舗企業と仏教

社寺造営のため、初代当主が京より招かれ、尾張丹羽郡(現在の一宮市)に創業しました。2007年に金剛組の子会社に移行しています。

(中村社寺ホームページ参照)

3．一文字屋和輔(1000年創業)

一文字屋和輔は、京都市北区、今宮神社(994年建立)の旧参道にある和菓子店で、あぶり餅だけを提供しています。

その歴史は今宮神社の歴史に重なります。

初代が香隆寺〔皇室ゆかりの真言宗の寺院。鎌倉時代の頃に廃寺〕の名物「おかちん」〔あぶり餅〕を今宮神社に奉納したのが始まりとも、疫病除けの祭りで今宮神社に奉納した餅のお下がりを、神社の「しめ縄」の竹を割いて作った竹串に刺して焼き、参拝者に振る舞ったことが始まりともいわれています。

(一文字屋和輔ホームページ参照)

以上の11社は、創業1,000年を超える企業です。はるか昔のことですから、不明な点もありますが、創業の経緯や事業内容において、仏教との関わりが見てとれます。

日本への仏教の伝播が538年とされます。その後、皇室や豪族の間に、徐々に広まっていきました。日本仏教の草創期において、一般庶民にはまだ伝わっていなかった仏教に触れ、大切にしていたのが1,000年企業の創業者たちだったといえるでしょう。

■ **第2節　四大財閥・五大商社と仏教**

　創業時における仏教との深い関係について、大企業として、住友、三井、三菱、安田の四大財閥、ならびに五大商社〔住友商事、三井物産、三菱商事、伊藤忠商事、丸紅〕のうち、財閥と重複する3社を除き、伊藤忠商事、丸紅の2社を取り上げます。

第1項　住友財閥

1. 住友家と住友財閥

　住友財閥についてみてみると、その創業は、ロスチャイルド財閥（1838年）やロックフェラー財閥（1839年）より古く、世界最古の財閥といわれています。今はグローバル企業となっていますが、そのスタートは、創業者一族を中核とするファミリー企業でした。

　今から400年ほど前、江戸時代に京都で開業した「富士屋」〔本と薬の販売〕と「泉屋」〔銅商〕が始まりです。創業とその後の発展に大きな力となったのは、家祖〔住友家の始まり〕の住友政友（1585～1652年）と、業祖〔住友の事業の始まり〕の蘇我理右衛門（1572～1636年）です。

　住友政友は僧侶でした。安土桃山時代に開宗した涅槃宗の空源上人からの導きを受けて12歳にして出家し、「文殊院空禅」の法号を授かっています。

第2章　老舗企業と仏教

　ところが、涅槃宗の後ろ盾となっていた後陽成天皇（1571〜1617年）が亡くなると、他宗からの讒言〔中傷、告げ口〕があり、徳川幕府の宗教政策とも相まって、涅槃宗を廃し天台宗に併合されることになりました。しかし、それを潔しとしなかった政友は、改宗することも、還俗〔僧侶をやめ俗人に戻る〕もせず、「員外沙門」〔宗派に属さない僧侶〕を称し、僧形として生涯を貫きました。

　富士屋嘉休と名乗り、「衆生済度」〔人々を仏の教えにより救うこと〕を目的として、京都の洛中に、当時最先端であった出版業と薬種業を生業とする富士屋を始めました。源信和尚の『往生要集』を出版し、薬を届け、教化を続けました。信徒数は、数百人に達したと伝えられています。

　そのうちの一人が、業祖の蘇我理右衛門でした。年が離れていましたが、政友の姉が理右衛門に嫁いだことで、義兄弟となり、いっそう絆が強まりました。

　理右衛門は、南蛮人〔ポルトガル人やスペイン人〕から伝授された、粗銅から銀を分離回収する「南蛮吹き」という精錬技術を完成させました。後に、銅山経営や銅貿易にも携わり、住友の基礎を固めました。

２．住友の仏教信仰
　政友が遺したものに「文殊院旨意書」があります。「住友の事業精神」の元となるもので、その冒頭に「商事は言うに

及ばず候えども、万事情に入らるべく候」(商売は言うまでもなく、衆生済度を奉じ、単なる金もうけに走ることなく、人間を磨き、立派な人格を醸成するべきこと)と記され、本文には、「正直・慎重・確実な商売の心得」が示されています。

その事業精神を一言でいえば「自他利他公私一如」となります。「自利利他」は、大乗仏教を代表する教えです。「自ら菩提を求めるだけでなく、他をも救うこと」を目指します。「公私一如」とは、「私」に思えることも「公」に通じ、この二つは相反せず一つのものということです。したがって、「自他利他公私一如」は、「住友の事業は、住友自身を利するとともに、国家・社会を利するものでなければならない」と理解されています。

その精神を支えるものは、仏教への深い理解と、篤い信仰心にほかなりません。

第2項　三井財閥

1. 三井家と三井財閥

三井財閥の始まりは、伊勢松阪(三重県松阪市)出身の三井高利(1622〜1694年)が江戸日本橋本町に開いた三井越後屋呉服店です。当時、呉服商では「訪問販売」「代金は掛け売り」が一般的でした。それを、越後屋では、誰でも呉服を買うことができるよう、「店前売」「現金(銀)、無掛値」〔定価を付けた現金払いでの販売〕に変えました。この新商法が

第2章　老舗企業と仏教

庶民の心をとらえて繁盛したといわれています。

2．三井の仏教信仰

その下地に母親の教えた仏教の平等性がありました。

母親の本名は伝えられていません。仏教を篤く信仰していたことから、俗名を使うことなく、法名〔仏弟子として授けられる名前〕の「殊法」をもって通称としていたものと推測されています。

殊法について、高治（高利の三男）の『商売記』には、

> 慈悲深い人で、神仏に信仰心が篤く、日々、精進につとめ、寒中であっても、朝七つ（午前4時）には起きて、水行を行い、神仏に手を合わせるのが習慣でした。

との旨が記されています。

母親の影響を受けて、高利自身も熱心な仏教徒となりました。『宗寿大居士行状』には、

> 仏法を信奉すること厚く、延宝8年（1680）、59歳にして法體〔僧の姿〕となり、宗寿と号し、三宝を敬する深かりき。松阪に於いては、その菩提寺たる来迎寺に対し、堂宇を建立して之を寄進し、以て祖先の冥福菩提を祈り、同寺住職　照空上人に帰依して、その法話を聴

聞し、只管(ひたすら)修養に力(つと)めたり。

と、高利が「宗寿」と号する僧侶となり、照空上人の勧めを受け、伽藍(がらん)を寄進するなど、仏教を篤く信仰し、修行に励んでいた旨のことが記されています。

第3項　三菱財閥

1．岩崎家と三井財閥

明治3年(1870)に土佐藩〔高知県〕出身の岩崎弥太郎(いわさきやたろう)(1835〜1885年)が大阪で海運事業を興したことに始まります。

明治18年(1885)に弥太郎は胃がんのため50歳で早世します。

後を継いだのは弟の弥之助(やのすけ)です。三菱(みつびし)が今あるのは弥之助の力が大であるともいわれています。

2．岩崎家の仏教信仰

弥太郎と仏教との関りについては判然としません。

弟の弥之助は、母親の影響を受け、篤い信仰心を持つ仏教徒となりました。現在の閑慶院(かんけいいん)〔曹洞宗(そうとう)：高知県安芸(あき)市〕の本堂や山門などの主な伽藍は岩崎家の寄進によるものです。

さらに、土佐から遠く離れた曹洞宗の大本山永平寺(えいへいじ)〔福井県吉田郡永平寺町〕とも深い縁(えにし)がありました。

『永平寺建造物調査報告書』(大本山永平寺、2018年)に、

> 向かって左側（西側）の祖師壇には、禅宗の祖師達磨大師、道元禅師の御本師である如浄禅師が祀られる。また、歴代の祖師や、大檀那である岩崎弥之助（三菱財閥創業者岩崎弥太郎の弟）ら岩崎家の人々が祀られている。岩崎弥之助は64世大休悟由〔森田悟由禅師〕に帰依したことが知られる。

と記載されています。

　永平寺は明治35年（1902）に道元禅師650回大遠忌を迎えた際に仏殿を改築しました。その折、寄進を申し出たのが弥之助でした。このような重要かつ多額な寄進は、経済的にも、信仰上からも、誰にでもできることでも、また許されるものでもありません。

　弥之助が、名僧との誉れも高かった森田悟由禅師（永平寺64世貫首）に深く帰依していた縁により、大檀那〔多額の布施をする檀家〕としての寄進が許されたものと推察されます。

第4項　安田財閥

1．安田家と安田財閥

　創業者は安田善次郎（1838〜1921年）です。

　善次郎は、富山藩の下級武士の家に生まれました。江戸に出て、露店の両替商から出発し、安田銀行〔後の富士銀行、現在のみずほフィナンシャルグループ〕を設立するなど、金

融機関を中心とした財閥を一代で築き上げ、「銀行王」と呼ばれました。

　善次郎の死後、安田保善社を中心に、生命保険会社や、損害保険会社が設立され、安田グループが形成されていきました。グループ内に有力な企業はありませんでしたが、金融界に揺るぎない地位を得て、住友、三井、三菱とならぶ財閥の一つに数えられるようになりました。

２．安田家の仏教信仰

　善次郎は、仏教の重要な教えである「陰徳善事（いんとくぜんじ）」の実践として、匿名にて多くの寄付や寄進を行いました。

　善次郎は、その著書『富之礎（とみのいしずえ）』の中で、

　　善事は匿名ですべきであり、名を売るためなど、功利的な考えでもってなされてはならないのです。
　　それは、善事というものは、人のためになすべきことであって、自分のためになすべきことではないからです。
　　もし、善事が功利的な理由によってなされるのであれば、それは、仏の教えに反し、善事とはなりません。

との旨を記しています。さらに、その原動力については、

　　安田家は、代々、仏教信仰しており、善治郎も、正し

き僧による説法を聴聞していました。
　そして、聴聞した仏法の教理にしたがって得られるところだけが、精神的修養法だったので、教えられた通り、実行することにつとめていました。

との旨、その心底にあるところを吐露しています。
　その代表的なものが、東京大学安田講堂の建築です。
　きっかけは、善次郎が精神的指導を受けていた村上専精(むらかみせんしょう)氏〔東京帝国大学印度哲学科初代教授、後に大谷大学学長〕から、「東京帝国大学には未だ講堂施設がなく、天皇行幸の際にも便殿(びんでん)〔御休息所〕として適当なものがないので、やむなく教室を臨時に充てている」と聴いてのことでした。
　ところが、第一次大戦後の不況の中、善次郎について、蓄積した富を社会に還元しない悪徳者だとの悪評が流れました。大正10年（1921）9月28日、流言を信じた青年に刺殺され、82歳の生涯を閉じました。
　その後を二代目善次郎が引き継ぎました。
　講堂の建築にあたり、初代善次郎とは匿名との約束でしたが、学内から「欧米諸国の大学の慣習では、寄付を受けた場合、その名を冠するものである」との提言があり、善次郎の意に反して「安田」が冠され、安田講堂と称することとなりました。

第2節　四大財閥・五大商社と仏教

第5項　伊藤忠商事と丸紅

1．伊藤忠と丸紅

　五大商社のうち、住友商事、三井物産、三菱商事は財閥と重複することから、伊藤忠商事と丸紅をみていきます。

　伊藤忠商事と丸紅は、近江商人の伊藤忠兵衛（1842～1903年）が15歳の時に始めた「持ち下り商い」〔上方の商品を全国で販売し、帰りにその地の商品を持ち帰り上方で売りさばく〕が起源とされます。両社は一緒の時期もありましたが、第二次世界大戦後には、財閥解体により分割されました。

2．伊藤家の仏教信仰

　忠兵衛は熱心な仏教徒でした。自らが店員を教化し、朝夕、店員と一緒に仏壇に向かい念仏をあげていました。店員が各地に出向く際には、数珠と親鸞聖人の「正信偈和讃」を持たせました。

　その座右の銘は、「商売は菩薩の業、商売の道の尊さは、売り買い何れも益して世の不足をうずめ、御仏の心にかなうもの」でした。

『伊藤忠商事100年』に、

　　思想ヤ　信念ニワ、少年時代カラ　往来シタ　長州ノ
　　影響ト、彼ガ　モットモ　心服シタ　博多ノ　善知識、
　　七里和上ノ　感化ガ　アズカッテ　チカラガ　アッタト

第2章　老舗企業と仏教

　　ミラレル

と記載され、忠兵衛が熱心な仏教徒になった経緯について、幕末の名僧、七里恒順和上〔博多の万行寺住職、1835〜1900年〕からの導きがあってのことと明らかにされています。

　このように、四大財閥や五大商社の創業者は、篤信の仏教徒であり、商売と信仰とを分けることなく、すべてを仏教に傾注していたことがわかります。

■第3節　老舗企業のゆりかご「仏教国 日本」

　日本が国土を壊滅させるような内戦もなく、穏やかな国となった遠因を考えてみると、日本の統治に責任をもっていた人の多くが、仏教徒であったことがあげられます。
　日本に仏教を取り入れ、国の礎と定めたのは聖徳太子です。飛鳥時代のことでした。以来、皇族家においては、寺院を建立し、写経を奉納していました。退位した天皇をはじめ、皇族が出家することもありました。門跡寺院も30ヶ寺を超えます。宮中でも仏教行事が執り行われており、明治時代に神道が国教化され、宮中の仏間が撤収されるまで、1,300年にわたり続けられました。
　天皇の即位式において、仏教儀礼である「印明伝授」〔手

第3節　老舗企業のゆりかご「仏教国 日本」

で印相を結び、真言を誦する〕や、即位灌頂が行われ、天皇への伝授は、摂政・関白の役割とされていました。

　摂政・関白についてみると、聖徳太子・中大兄皇子・草壁皇子以降、明治に至るまで、安土桃山時代の豊臣秀吉・秀頼を除き、篤信の仏教徒として知られる藤原北家〔近衛、鷹司、九条、二条、一条〕が、主に務めていました。

　その間に、国内において、局地的な戦闘はありましたが、秀吉による文禄・慶長の役を除き、海外諸国に戦争を仕掛けることはありませんでした。中でも、江戸時代における260年以上続いた平和は、世界的にみても、稀有なことです。

　戦国時代に終止符を打ち、長きにわたる平和な世の礎を築いたのは、徳川家康でした。浄土宗大樹寺の登誉上人の筆による「厭離穢土欣求浄土」を旗印に掲げ、「天下泰平」の軍配を手に、戦場を駆け巡り、戦国の世を収めました。

「厭離穢土欣求浄土」は、苦しみの世を厭い離れ、極楽浄土を願うとの浄土思想です。苦しみ渦巻く戦国乱世を終わらせ、人々が平和に豊かに暮らせるような世を創りたいとの願いを感じ取ることができます。

　徳川家の始祖とされる松平親氏は僧侶でした。諸国を流浪していましたが、三河松平郷の領主に納まると、『仏説無量寿経』（以下『無量寿経』）「祝聖文」にある、

　　世の中は平和になり、太陽も月も清らかに輝きますよ

第2章　老舗企業と仏教

　うに。

　　風は程よく爽やかに吹き、雨も時節よく降り注ぎ、災害や疫病などが起こることはなく、国は豊かに栄え、民の暮らしは安らかになりますように。

　　軍隊や兵器が無用の長物となり、人々は互いに敬い尊び合い、礼儀正しく振る舞い、思いやりの心を興しますように。

を願文として掲げて、その地を治めました。その精神は、9代後の家康にも継承されました。

　家康の後も、秀忠、家光、家綱、綱吉など、篤く仏教を信仰する将軍が続き、統治システムの中に仏教を取り入れたことにより、心豊かで、平和で穏やかな社会が形成されました。

　このような社会が、老舗企業にとっての「ゆりかご」となり、世界に類のない老舗大国をもたらしたと考えられます。

　しかし、明治以降、平和な時代は終わりを告げ、日本は、対外戦争へと突入していきました。寺院を取り巻く社会情勢も、廃仏毀釈〔国家神道政策に依拠した仏教の排斥運動〕を経て一変しました。

　江戸時代に、人々の心に根を下ろした仏教精神も徐々に薄れていき、余韻は残しつつ、現在は「仏教離れ」、自称「無宗教」といわれるまでになっています。

第3章　仏教への誤解

■第1節　仏教離れ

第1項　仏教のイメージ

先にあげた老舗企業の創業者たちが熱心な仏教徒であったのに対し、現代の私たちは、仏教徒とは言い難い状況にあります。たとえ、先祖代々、継承してきた宗派の名前を知っていても、その教えとなると、怪しくなります。仏壇のない家も増えています。

日本の精神文化の基盤となっていた仏教は、今では、葬式仏教、観光寺院、非科学的、抹香臭い、難しい、危険など、悪いイメージや不信感が先行し、人々からは遠い存在となっています。その象徴が自称「無宗教」です。

その原因として、
① 仏教が難解なこと
② 寺院との接触がなく、仏教を学ぶ機会がないこと
③ 悪印象が先行し、仏教への興味がもてないこと
などがあげられます。

第2項　食わず嫌い

仏教には8,000巻ともいわれる膨大な経典があります。キリスト教の主たる聖典が新旧の聖書、イスラム教がコーラン

第3章　仏教への誤解

1冊であるのに対し、その多さに驚きます。

　現在では、多くの経典がデータベース化され、誰でも触れることができるようになりましたが、ほとんどのものが漢文で表現されており、素人には手にあまります。

　また、「もの」を、「色(しき)」とも、「行(ぎょう)」とも、「法」とも表すように、同じものを様々な文字で表現します。逆に「法」の字が、「もの」以外に、「真理」、「教え」、「本質」などの意味を持つように、同じ字が、たくさんの意味を有することもあって、容易に判別できません。それも難解さの要因となっています。

　解説書も数多く出版されていますが、僧侶や研究者でないと歯が立たないほどわかりづらいものであったり、研究者によって解釈や表現が異なり、読めば読むほど、混乱します。

　なかには、通俗的でわかりやすいものもありますが、内容が浅く、物足りなさを感じたり、仏教というより道徳であったり、私たちの要望に合ったものは少ないようです。

　学校でも仏教に触れることはありますが、断片的な内容にとどまり、体系的に学ぶ機会はありません。仏教系の学校でさえも、その大半は、宗派の教えを中心としたカリキュラムです。国公立学校に至っては、宗教に触れること自体がタブー視される風潮にあります。

　葬儀や法事は、亡き人の縁をもって、仏教に触れる機会となるべきところですが、僧侶は読経(どきょう)するだけで、その『経典』

がいわんとするところを教えてはくれません。

今や「お経」は、聞いていると眠くなるもの、聞いてもわからないものの代名詞と化しています。

■第２節　「無宗教」を自称する日本人

第１項　現代日本人の宗教意識

仏教離れが加速する中で、「無宗教」を自称する人がいます。特に、有識者といわれる人ほど、その要件であるかのように、口にする傾向があるように思えます。

本来、「宗教」は、人をして人たらしめるものであり、その人の思考の根本であり、価値基準であるといわれています。

したがって、宗教を持つ人からみれば、「無宗教」との発言は、「価値基準や信念をもたない人」「人の道を知らない人」「神をおそれない傲慢で危ない人」の表明になります。

では、本当に、日本人が「無宗教」かというと、日本人は神や仏を信じない「無神論」でも「無宗教」でもありません。

例えば、大晦日（おおみそか）には寺で除夜の鐘を突き、正月には、門松や鏡餅を飾り、お屠蘇（とそ）を飲み、寺社で初詣をします。お盆には故郷に帰って先祖の霊に手を合わせ、受験前には天満宮で合格を祈願し、結婚式では神に永久（とわ）の愛を誓い、子供が産まれるとお宮参りや七五三参りをし、病気になると平癒を願い、死に際しては葬式や法事を営みます。私たちの思考や言葉の

中にも、仏教に由来するものが多く、当たり前のように使っています。

このように、今の日本人は、宗教や仏教そのものを否定しているわけではありません。むしろ、意識しないほどに、生活の中に溶け込み、精神文化の基盤となっています。

第2項　日本人の使う「無宗教」の意味

神仏に手を合わせながらも、宗教へのわだかまりがあり、素直に「自分は仏教徒です」と言えないため、なんとなく「無宗教」といっているようです。その心底には、

- 死んだら終わり、今さえよければよい。宗教などは無用。
- 学校でも、家でも、宗教について教えてもらったことがないから、わからない。
- 葬式さえ営めば成仏できるから、それまでは関わりたくない。
- 宗教は、弱いものや、歳をとってからするもので、宗教に頼るほど自分は弱くもないし、そんな歳でもない。
- 宗教は怖い。だから近づきたくない。
- 熱心に信仰している人を見ると、違和感を持つ。
- 自分は学識があるから、迷信や非科学的なものを信じるべきではないし、信じない。
- 生活することに精一杯で、宗教に金や時間を掛ける余裕はない。

- 特定の寺院との関りはあるが、周囲の目があるので、立場上、公表できない。

などの心情が入り混じっているようです。

 そのため、「無宗教」の意味するところをしっかり吟味することなく、「特定の宗派や新興宗教に入っていません」や、「変な人ではなく、世間一般の人」との意味合いで使っているようです。

 日本人を、このような自称「無宗教」へと追いやったのは、戦後の宗教政策の転換です。それに加えて、国家神道時代の嫌な心象や、オウム真理教の事件による危険なイメージが、宗教や仏教に対する誤った先入観などを形成し、様々な過程を経て、澱のように少しずつ日本人の腹底に溜まっていったことも要因の一つといえるでしょう。

第4章　自称仏教徒から自称無宗教へ

■第1節　寺院の変化

　人間には、様々な欲求があります。経済的に価値のあるもの、社会的に価値のあるもの、学問的に価値のあるもの、芸術的に価値のあるものだけでなく、それらとは異なる超自然的なもの、宗教的な価値のあるものを切望するところがあります。

　このような思いは、誰しもが持っているものであり、科学万能を信じる現代の日本人とて、変わるところはありません。

　しかし、先に見た通り、今は、神仏に手を合わせながらも、「自分は仏教徒です」といえなくなっています。

　その事情を歴史の中に探ります。

第1項　仏教の浸透

　飛鳥時代に、聖徳太子が仏教を取り入れて以来、その教えは、皇族や公家から武家、そして一般庶民へと、徐々に広まっていきました。

　中でも、平安末期から鎌倉時代にかけて、旧仏教の腐敗や、末法思想の流布、社会不安などを背景に、法然上人、栄西禅師、道元禅師、親鸞聖人、日蓮聖人、一遍上人などにより、浄土宗、臨済宗、曹洞宗、浄土真宗、日蓮宗、時宗などの

新しい宗派が開かれました。念仏、禅、題目などによる救済を前面に出し、難解な学問や多額の寄進、厳しい修行を不要とした教義が確立されました。各地に多くの寺院が建立され、誰でもが仏教に触れやすくなり、庶民へと広がりました。

しかし、一方では、各宗派の開祖の教えこそが仏教だと取り違えました。原点である釈尊がなおざりにされ、宗論を争うことさえありました。

第2項　江戸時代の宗教政策
1．徳川幕府と仏教

江戸時代になると、徳川幕府は、キリシタン禁止令を発布するとともに、キリシタンの取り締まりと内乱防止を目的として檀家制度と寺請制度を施行し、仏教を擁護し、戦乱により破壊されていた寺院を復興しました。仏教以外の信仰を持つ人は、改宗が強要され、特に、キリスト教は徹底的に弾圧されました。

寺院では、菩提寺として檀家の葬儀や供養を取り仕切るだけでなく、子供たちを集め、僧侶が先生となって読み書きなどを教えました。さらに、社会的な困窮者に手を差し伸べるなど福祉施設の役割をも果しました。

寺院は、地域コミュニティの中心となり、そこで説かれた仏教は庶民に定着し、形式的に、日本人のほとんどが、「仏教徒」となりました。

第4章　自称仏教徒から自称無宗教へ

2．檀家制度の弊害

　檀家制度は、全員が仏教徒となることを義務付けたものです。自分の意思や好みとは関係なく、強制的にお上が決めた寺院の檀家にさせられました。

　人々は、割り当てられた「菩提寺」に葬祭供養の一切を任せ、布施の名目で金銭を納めることになりました。檀家が増えた寺院は、経済的に安定的し、豊かになりました。

　しかし、檀家制度に胡坐(あぐら)をかき、寺院の使命である教化活動を怠たる寺院も出てきました。

3．寺請制度の弊害

　寺請制度の狙いは、キリスト教を封じることにありました。
　寺院は宗門人別帳(しゅうもんにんべつちょう)〔現在の戸籍〕を作成し、「寺請証文」を発行しました。
「寺請証文」は、檀家の証明書、つまり、キリシタンでないことの証明書であり、また旅行や転居の際には身分証となる、大変に重要なものでした。

　寺院は、民衆管理のための幕府の出先機関として、現代の市役所のような役割を担うことになり、強い権限が与えられました。中には、職権を濫用し、非道なことをする寺院や僧侶が現れました。例えば、「寺請証文」の発行のために賄賂を強要したり、家計が苦しい庶民に対してでも、布施を強制したり、さらに、農地や山林を担保に高利で貸し付け、返済

ができないと、容赦なくそれらを取り上げました。これらのことにより、僧侶や寺院に対する人々の不満や反感が募っていきました。

諺(ことわざ)の「坊主憎けりゃ　袈裟(けさ)まで憎い」は、その名残(なごり)です。

江戸幕府の実施した宗教政策により、仏教は日本全国に広く浸透し、日本人の精神として深く根を下ろしていきました。

しかし、一方、特権に守られた寺院や僧侶に、堕落や腐敗をもたらすことになりました。また、弊害として生じた、寺院や僧侶への不信感や憎悪は、人々の腹底に滞留し、明治時代の廃仏毀釈(はいぶつきしゃく)運動を経て、現代の仏教離れへと繋(つな)がっていきました。

第3項　明治以降の仏教教団

1．廃仏毀釈

明治時代に入ると、日本は大きな転機を迎え、文明開化の名のもとに西洋思想が急激に流入してきました。

明治政府は1868年、祭政一致〔祭祀と政治の一元化〕の立場から神道と仏教を分ける「神仏分離令」を発し、神道を国教に据え、古代以来の神仏習合〔日本古来の神と、大陸から伝来した仏とを融合し調和させた思想〕を禁じました。

八百万(やおよろず)の神は仏の化身であるとする「本地垂迹(ほんじすいじゃく)」の思想もあり、それまでは、寺院の中に社があり、神社の中に寺院がありました。また、神社の本殿に仏像を祀り、神社の神前で

読経するなど、寺院と神社はともにありました。
「神仏分離令」自体は、神道国教化政策に基づき、曖昧な神仏の境界を明確にし、仏教的なものを取り除くために発令されたものでした。また、旧徳川幕府を弱体化させるため、大きな権力を持ち、庶民管理を担っていた寺院から力をそぐことにも狙いがあり、仏教を排斥したり、寺院を破壊する意図はありませんでした。

　全国各地で廃仏毀釈運動が始まると、寺領は没収され、寺院の特権は取り上げられ、多くの僧侶が還俗〔僧侶をやめ俗人に戻る〕させられました。

　長年、僧侶の下に置かれ、不満を抱いていた一部の神職が中心となり、神道の再起復興を目指して運動を強力に推し進めました。そこに、寺院や僧侶に不満や反感を持っていた庶民なども加わり、急激に拡大していきました。

　政府の意図に反し、有名寺院を含む、日本中の多くの寺院において、伽藍や仏像が壊され、経典までもが焼却されました。地域により濃淡がありましたが、鎮静化する５年ほどの間に、９万ヶ寺あった寺院が半分になったといわれます。

２．葬式仏教への道

　廃仏毀釈により特権を失い、経済的基盤に大きな痛手を被った寺院の多くは、その打開策として死者を弔い、先祖の法要を行い、墓を管理することで、維持をはかりました。

「家父長制」がそれを助けました。「家父長制」は、明治政府が採用した、天皇を頂点とする社会体制です。家では、家長である父親が、家財や家族を統率する絶対的な権力を持ち、長男がすべてを継承します。その継承の象徴が、墓、仏壇、先祖代々の位牌、あるいは過去帳でした。

そのため、寺院は、経済的に持ち直しましたが、形骸化が進みました。寺院が人々から求められるのは、葬式や法要の時ばかりとなり、それを象徴して「葬式仏教」と揶揄されるようになりました。

3. 寺社領喪失と檀家制度崩壊

江戸時代の終了とともに、平和な時代は幕を閉じ、日本は、対外戦争へと突入していきました。

日清戦争、日露戦争を経て、第一次世界大戦には連合国側で参戦し、勝利を得ましたが、第二次世界大戦では、大敗を喫しました。300万人もの尊い命が奪われ、国土は焦土と化し、荒れ果てました。

戦後、日本を占領統治するために連合国軍最高司令総司令部（以下GHQ）が設置され、数々の占領政策が実施されました。

その一つが、農村を民主化するための農地改革です。農地を所有する地主の土地を、国が強制的に買収し、小作人に優先的に低価格で売り渡しました。寺社が所有していた農地の多くも小作人に渡り、寺院の主要な経済基盤が失われました。

そこに追い打ちをかけたのが、産業・社会構造の変化と、家父長制度の廃止です。

　戦前は農林水産業が中心の産業構造でした。それが1950年代の高度成長期には製造業中心となり、さらに、サービス業中心へと変化しました。そのような流れの中で、多くの若者が地方から都会へと移り住みました。

　1947年の民法改正による「家父長制度」の廃止が、それに勢いを与えました。家長の権限がなくなると、本家を中心に大家族を形成していた「家」が分解し、核家族となりました。

　家長はその象徴であった、墓や位牌を継承する必要がなくなり、家長でさえ、お年寄りに後を託し都会へ向かいました。

　都会に移住した人々は、葬儀を近くの寺に依頼し、墓地を石材店が開発した近くの霊園に求めるようになりました。

　地方では、高齢化や過疎化が進み、寺社領と檀家を土台に形成されていた、寺院の経済基盤が崩壊しはじめました。

第4項　ビジネス化への道

　主要な経済基盤が崩れ、困窮した寺院は、生き残りを掛け、観光寺院化やビジネス化など、宗教活動以外の方向に向かうようになりました。

１．観光寺院

　寺院の中には、文化的に貴重な伽藍や仏像、あるいは仏教

独自の世界観を表した庭園などを有するものがあります。そのような寺院は、それらを観光資源として提供し、拝観料や駐車料金を取るようになりました。収入は入るようになりましたが、神聖な「宗教空間」は、「観光施設」と化しました。

2．寺カフェ、坊主バー、宿泊施設
　境内に洒落(しゃれ)た建物を建て、喫茶店を開業する寺院も増えています。通称、寺カフェと呼ばれ、一般の喫茶店と違って、写経などの体験や、僧侶に悩みを相談ができるのが特徴です。
　さらに、境内から出て町中に出店するものも現れています。お酒を出すところもあり、坊主バーとして話題となりました。
　宿坊も人気です。写経・写仏や修行体験、御朱印帳やエンディングノートの作成、精進料理を楽しむことができます。
　宿坊は、本来、僧侶や遠くからの参拝者のための施設でしたが、建物を改造して豪華にし、国内外の観光客を迎え入れています。
　最近では、京都や大阪の一等地にある寺院が、ホテルと共同開発した寺院共存型ホテルや、寺院一体型ホテルが話題となりました。

3．不動産業とサービス業
　立地に恵まれた寺院は、駐車場、貸しビル、アパートやマンションなどの経営に乗り出しました。宗教活動よりも楽に

儲かることもあり、多額の投資をする寺院もあります。

第5項　葬式仏教の瓦解

　バブル崩壊後、30年以上にわたる不況が続くと、葬儀も低価格で、かつ料金も明確なものが好まれるようになりました。

　葬儀会社がセレモニーホールを建て、葬儀を取り仕切るようになると、主導権は僧侶から葬儀社に移行し、僧侶は、読経をするだけの「飾りもの」となりました。「お坊さん便」といわれる僧侶派遣ビジネスが生まれ、僧侶の手配もインターネットで簡単にできるようになり、支払う額も定額で安価となりました。

　布施の心は失われ、料金となり、寺院は「サービス業」と化しました。加えて、墓も営利企業が都会に開発した「大規模納骨堂」となり、寺院の出番はなくなり、今や、「葬式仏教」でさえ成り立たなくなってきています。

　江戸時代には地域コミュニティの中心であった寺院は、取り巻く環境の変化にともない、大きく変わりました。

　人々が寺院に来る用事はほとんどなくなり、寺院と人々とは隔絶しつつあります。イベントの開催や、インターネットの活用などで、人々との絆を結ぼうとしていますが、寺院の努力だけでは、難しいようです。

　最近では、少子高齢化の波を受け、かろうじて残っていた

檀家も、先祖代々守ってきた墓石を撤去し、使用権を返還する動きが加速し、寺院の統廃合が進んでいます。

　日本人の心を育み、国の礎となってきた仏教は、今、人々に届かなくなっています。日本人の心から、仏教の持つ崇高な精神性が消えつつあるといえるでしょう。

■第2節　日本人の変化

第1項　GHQによる宗教改革

　日本人が自称「無宗教」となった要因として、仏教を伝える寺院の変化に加え、受け手側の変化があげられます。

　その変化は、主として戦後の宗教政策の転換によってもたらされたものでした。

　戦後、1945年から1952年にかけて日本を占領・統治したGHQは、日本の復興を進めるとともに、非軍事化と民主化を図りました。憲法の改定をはじめ、明治維新以来ともいえる大規模な国家改造を強力に推し進めました。その流れの中で、日本人の心に多大な影響を与えたのは、宗教政策の転換です。

　GHQが宗教改革を断行したのは、「軍隊を解体しても、国家神道をそのままにしておけば、いつか日本に軍国主義が復活するであろう」との懸念をもってのことでした。そのため軍隊を解体するだけでなく、精神的武装解除を目的として国

45

家神道を廃止しました。
　憲法も「宗教」に関して次のように改定しました。

　　第20条
　　　1. 信教の自由は、何人(なんびと)に対してもこれを保障する。いかなる宗教団体も、国から特権を受け、又は政治上の権力を行使してはならない。
　　　2. 何人も、宗教上の行為、祝典、儀式又は行事に参加することを強制されない。
　　　3. 国及びその機関は、宗教教育その他いかなる宗教的活動もしてはならない。
　　第89条
　　　公金その他の公の財産は、宗教上の組織若(も)しくは団体の使用、便益若しくは維持のため、又は公の支配に属しない慈善、教育若しくは博愛の事業に対し、これを支出し、又はその利用に供してはならない。

と、「信教の自由」の原則を定める一方、国は、宗教教育、その他いかなる宗教活動をもしてはならないと、「政教分離」を打ち出しました。

第2項　政教分離政策

「政教分離」は、国家や政府と宗教を分離し、互いに干渉し

ないことを定めた制度であり、信教の自由を強固にし、民主主義を確立させるためのものです。

しかし、国による宗教への管理介入を「憲法違反」としたことにより、公立学校での宗教教育に制約が加えられました。「教育基本法」第15条に、

1. 宗教に関する寛容の態度、宗教に関する一般的な教養及び宗教の社会生活における地位は、教育上尊重されなければならない。
2. 国及び地方公共団体が設置する学校は、特定の宗教のための宗教教育その他、宗教的活動をしてはならない。

と、宗教教育は学校が果すべき、重要な責務の一つであることを規定しながらも、公立学校では、特定の宗教に係る活動を禁止しました。さらに、「教育基本法」第2条に、

幅広い知識と教養を身に付け、真理を求める態度を養い、豊かな情操と道徳心を培うとともに、健やかな身体を養うこと。

と、教育目標として、知育、徳育、体育の三育を掲げていますが、行動規範として道徳や倫理を教えれば、事足りるとの

考えもあり、徳育の担い手たる宗教教育は、蚊帳の外におかれています。

そのためか、「御上」(行政当局)が良しとしないものは、「教育で扱うべきでないもの」とのメッセージに受け取られ、「触れてはいけないもの」とのイメージが形作られました。明治時代、国家神道を阻害すると思われる宗派を、政府が弾圧したこととも重なり、「宗教アレルギー」が日本人の腹底に浸透していきました。

さらに、宗教についての悪印象や不信感が先行していたところに、オウム真理教事件が発生し、宗教は、日常生活と一線を画した特有の領域にある「恐ろしいもの、危険なもの」とのイメージが植えつけられました。

今では、仏教も、危険なものとタブー視さえされています。

このような移ろいの中で、真の仏教に触れる機会のない日本人の間に醸成されたのが「無宗教」を自称する風潮です。

第3項　もの栄えて、こころ亡びた

自称「無宗教」と同様に、日本人の精神性の変化を表現するものに「もの栄えて、こころ亡びた」があります。

振り返ってみれば、日本は、明治以降、近代化の名のもとに急速に西洋文明を取り入れる一方、それに合わない日本文化や伝統は、不合理なもの、不要なものとして、打ち壊してきました。

第2節　日本人の変化

　第二次世界大戦後には、エコノミックアニマルと揶揄されながらも、日本は、目覚しい高度成長を実現し、GDP世界第2位の経済大国となりました。

　このような日本企業の強さを研究した、米国の経営学者ジェームス・C・アベグレン（James C.Abegglen、1926〜2007年）博士は、『日本の経営』（The Japanese factory）の中で、日本企業の強さの象徴を「三種の神器」と称し、和を基調とした「終身雇用」「年功序列」「企業内組合」を上げました。

　これらにより、世界から「20世紀の奇跡」と評価されほど、経済的、物質的には豊かになりました。

　一方では、人生の意味やあり方を考える暇もなく、心の豊かさを失い、物質的な豊かな生活を、いかに享受するかが、人生の最重要事項となっていきました。

　1989年にピークを迎えた景気も、バブルが崩壊するや、急落していきました。

「日本的経営」は時代遅れとされ、自信を失った日本人は、市場原理を踏まえた「アメリカ的経営」を模倣し、効率の名のもとに各種の活動を可視化し、徹底的に数字を追いかけるようになりました。価値判断が金額に委ねられました。

　短期的なコストパフォーマンスを重視する潮流が形成され、コスト削減や効率化が美徳とされようになりました。業務は簡素化され、人件費の削減ために「非正規社員制度」「派遣

社員制度」などが積極的に導入されました。遠慮会釈なくリストラが断行され、正規社員が激減しました。

　和を基調とし、人材育成に基軸をおいた「日本的経営」が崩壊していきました。世の中も、「一億総中流意識」は、過去のものとなり、基準を達成できなければ、排除される社会へと変貌していきました。自由競争の中で、強者と弱者とが明確に切り分けけられ、弱者は淘汰されます。いったん不遇な状況に陥ると抜け出すことは困難となり、しかも、経済格差は、さらに教育格差、医療格差を生みだし、一代に留まらず、親から子へと連鎖しています。

　少子高齢化の時代を迎えると、労働人口の減少により、皮肉なことに、あるいは、当然の帰結として、人手不足、後継者不足を生み出し、コストの急増もあり、廃業を決断する企業が増加しています。中には、黒字倒産さえあります。

　それに加えて、首都圏と地方、富裕層と貧困層、世代間・世代内など、様々な対立が生まれ、先鋭化しています。人と人の繋がりが希薄となり、調和が崩れ、人々の心は冷え切り、孤独感や焦燥感に苛まれています。

　蔓延する閉塞感の中で、夢や希望を見出せずに、絶望から自ら命を絶つ人もおり、毎年、2万人を超えています。

　他方、やり場のない不満のはけ口を求め、言葉や身体、あるいはインターネットを使って、特定の個人や企業を狙い、あるいは無差別に、刃を向ける行為も増えています。カスタ

マーハラスメント、パワーハラスメント、モラルハラスメントなどは大きな社会問題となっています。

　さらに、自分本位となった人々が、個人で、あるいは組織ぐるみで引き起こす不正や不祥事、改ざんや隠蔽、破廉恥(はれんち)な事案も後を絶ちません。年齢も、職業も、学歴も、地位も、関係ありません。法律的にも、道徳的にも、善悪は明らかです。悪いとわかりながら、止められないでいます。

　さらに、今までには起きなかったようなケアレスミスによる事故やトラブルが増えています。効率化を重視する社会の申し子のように、人への配慮や思いやりを忘れ、形だけとなり、緻密さを欠いた行為が引き金となっています。

　本来あるべき「人の心」が育まれていないようです。

　このような「もの栄えて、こころ亡びた」の世を招来した、要因の一つが「宗教なき教育」です。

第4項　宗教なき教育は賢い悪魔をつくる

　近代組織論の創始者、C・I・バーナード博士が指摘するように、組織の存続は、それを支配している道徳性の高さに比例します。その精神的な支柱となるのが宗教です。

　それだけでなく、宗教は、人を育てるにあたり、欠かすことのできないものの一つと考えられています。

　例えば、西洋の諺に、

第4章　自称仏教徒から自称無宗教へ

　　宗教によらずして人を教育することは、**賢い悪魔をつくるなり**

　　（Educate men without religion, but makes them clever devil）

があります。仏教では、『優婆塞戒経』「五戒品」に、

　　道徳に二種ある。
　　その一つは、一般世間の道徳律であって、その二つは仏教の道徳律である。
　　宗教の背景なき道徳は、あたかも彩色に膠を用いないようなものであって、確乎たる基礎がない。
　　故に先ず、仏教に帰依してその正しい信念から道徳を維持してゆかねばならない。

と説かれています。

　日本画に用いられる岩絵の具は、膠と混ぜ合わせなければ、紙に定着しません。同じように、道徳も、膠となる宗教を習得してこそものになります。頭でわかっただけでは、心にとどまることなく、保持できるものではありません。

　諺の「仏様は見てござる」は、仏への畏怖と安心感を教えるもので、このような宗教意識が心底になければ、道徳や倫理を教えても、また、法律や規律を強化しても、悪の抑止や

善の奨励につながらないということです。
　この点について、聖徳太子は「十七条憲法」第２条に、

　　二に曰(いわ)く、篤(あつ)く三宝(さんぼう)を敬へ。三宝とは仏・法・僧なり。則ち四生(ししょう)の終帰、万国の極宗(ごくしゅう)なり。
　　何(いず)れの世、何れの人かこの法を貴ばざる。
　　はなはだ悪しきもの少なし。よく教えうるをもって従う。
　　それ三宝に帰りまつらずば、何をもってか柱(ま)がるを直(ただ)さん。

と示しています。現代語にすると、

　　篤く三宝を敬いなさい。三宝とは仏・法・僧です。
　　仏教は、生きとし生けるものの最後に帰するところであり、世界万国に通じる究極の教えです。
　　どのような時代のどのような人でも、この法〔仏法〕をあがめるものです。
　　極悪人はまれであり、よく教え諭せば必ず従うものです。
　　仏・法・僧に帰依しないで、どうして、我執にとらわれた、曲がった心を正すことができようか。

第4章　自称仏教徒から自称無宗教へ

となります。究極の教えである仏教なくして、執着にまみれた私たちの心を正すことはできません。

　人として生まれたのであれば、知るべき教えであり、知りたいと念(おも)う教えが仏教です。

　しかし、学校においては、仏教だけでなく、宗教自体をタブー視する傾向が強く、教育の埒外(らちがい)となっています。家庭にもなく、寺院も期待できません。

　まさに、日本は、今、「宗教なき教育」に陥っているといえるでしょう。

第5章　仏教概説

■第1節　真理の教え「仏教」

第1項　真理の教え

　世界には多くの宗教があり、人々の信仰を集めています。その本質は、人をして人たらしめるものであり、その人の根本思想を形成し、価値基準となるものです。

　中でも、仏教は、苦しいからといって、ただそれを神に頼み、一時の救済を求めるというものではありません。

　自分の内に深く分け入り、私たちが苦しむ原因を究明し、「真理」を明らかにしたところに特長があります。人生や世界の根本を究めていることから、仏教は「哲学」であるといわれます。

　しかし、これは、仏教の一つの側面に過ぎません。ダイヤモンドが、角度をかえると様々に輝くように、仏教は見る角度によって、違う輝きを放ちます。

　この世界が、空間（宇）と時間（宙）から成り立つこと、さらに、空間が三千大千世界の極大空間から、極微〔物質の最小実体〕の極小空間まであること、また、時間が刹那〔75分の1秒〕から、無量劫〔人知を超える長い時間〕まであることを説き明かした点では「物理学」です。

　ゼロ〔空〕ならびに、一、十、百、千、万、億、兆、京

第5章　仏教概説

……阿僧祇、那由他、不可思議、無量大数〔10^{68}〕などの大きな数、また、分、厘、毛……六徳、虚空、清浄〔10^{-21}〕の小さな数を説き明かした点では「数学」です。

　精子と卵子が受精した小さな塊「カララ」〔凝滑状〕、それが胎内でアブブダ〔あぶく状〕、ペーシー〔血肉状〕、グァナ〔堅肉状〕、プラシャーカー〔枝節〕と成長し、出産に至る過程を明らかにし、また、心身の構造や生死を解明した点では「医学」であり、「生物学」であり、「心理学」です。

　この世を治め（経世）、人々を苦しみから救うこと（済民）を教導している点では、「経済学」であり、「政治学」です。

　人間が求めるべき「真の幸福とは何か」「真の救いとは何か」と、そこに至る道筋を究明した点では、「宗教」です。

　このように、仏教は、仏陀となった釈尊の悟りの内容、つまり「真理」を様々な角度から明らかにしたものです。そのため、その教えには多種多様な要素が包含されています。

　電波望遠鏡もカミオカンデもなく、電子顕微鏡もMRIもない2,600年前の古に説かれたものです。日本列島に水稲栽培が伝わり、弥生時代が始まった頃のことです。

　科学が発達するにつれ、その内容が、少しずつ、わかるようになってきています。それ故か、最先端を行く、心ある研究者が仏教に触れると、そのスケールの大きさと、奥深さに驚きます。

第1節　真理の教え「仏教」

第2項　仏に成る教え

　仏教とは、「仏」の「教」です。
「仏」とは、釈尊のように悟った者、真理に目覚めた人、覚者をいいます。そして、人として生まれた私たちが釈尊と同じ悟りを得て、仏に成るべきことを「教」えたものが仏教です。したがって、仏教は、仏教の主眼は、釈尊が抱いた疑問、「自分とは何か」「何故、生まれてきたのか」「何のために生まれてきたのか」「真の幸福とは何か」を詳_{つまび}らかにすることに置かれることになります。

　観点を変えると、仏教は、
　①「仏」と成った釈尊の「教え」である歴史上の仏教。（仏）
　② 釈尊が悟った「真理」を明らかにした教理上の仏教。（法）
　③ 釈尊と同じ悟りを得て、「私たちが仏と成るべきこと」
　　　と、その方法を説いた修行方法としての仏教。　（僧）
です。

　もっとも、人が亡くなると、何気なく「仏と成った」あるいは「往生した」と使いますが、どうでしょうか。

　何故ならば、釈尊と同じように、人間の本質を理解し、為_なすべきことを為して、はじめて仏に成ることができるからです。

57

■第2節　仏教の歴史

第1項　釈尊のご一生

仏教の創始者は、釈尊、ガウタマ・シッダールタです。

釈尊は、ヒマラヤの麓、カピラ国の皇太子として生まれました。紀元前565年4月8日（紀元前624年など諸説あり）のことと伝えられています。

いずれは国王になる身分であり、文武に優れ、人が羨むほど恵まれた境遇にありました。

しかし、ある時、老・病・死で苦しむ人を目の当たりにして、それは自分にも必ず訪れるものであり、地位、財産、権力をもってしても、避けることはできない重大な問題として受け止めました。

恵まれた境遇にあっても、苦しみを逃れることができないのであれば、真の幸福とは何か、自分とは何か、何故、何のために生まれたのかについて、深く思索し、悩み続けました。

29歳になった時、答えを求め、世継ぎの身分も、恵まれた王宮の生活も捨てて出家しました。

断食をし、さらには呼吸を制限するなど、生きながらにして死臭がするほどの過酷な苦行に取り組みました。

しかし、どれほど心身を痛めつけても自己満足に過ぎず、命を縮めるだけで解決できないことを覚り、6年間続けた苦行を捨て去りました。

第2節　仏教の歴史

　乳粥の供養を受けて体力を回復した後、伽耶城の近くにある菩提樹の下に端坐して、「さとりを得るまで、この座を立つまい」との覚悟のもと、深い瞑想に入りました。
　我を捨て、全てを大自然に任せきった時、「悟り」を開くことができました。「真理」を自らのものとしたのです。
　釈尊、御年35歳、12月8日のことでした。
　その悟りの内容は深淵かつ不可思議なもので、「悟り」の境地を体験したことのない、一般の人々にとってはあまりにも信じ難く、理解し難いと思われました。
　『雑阿含経』に、

　　　自分が苦労して悟った真理（法）を、どのようにすれば説く事ができるだろうか。
　　　貪欲と怒りに悩まされている人々が、この真理を悟る事は、簡単な事ではない。
　　　何故ならば、私が悟った「真理」は、世間一般の人々が認めている知識や思考方法という常識に逆らうものであり、言うに言われぬ勝れた不思議なものであり、量り知れぬほど奥が深く、観察し思考することが難しく、通常の感覚・知覚では捉えられないものである。
　　　それなのに、苦労してやっと証得したものを、何故、また人に説かねばならぬのか。

と、釈尊が説法を躊躇する心境を伝えています。
　悩みに悩んだ釈尊でしたが、梵天の懇請〔釈尊の慈悲心〕により、意を決し説法を始めました。
「悟り」の内容そのものを表現できなくても、そこに至る道筋であれば、表現できるであろうとの判断でした。
　それを「月をさす指」に譬えます。「月」を「悟り」とすれば、「指」は、「伝える手段、悟りへの道筋」、つまり、「釈尊の教え」であり、『経典』を意味します。
　その後、45年間、伝道教化の旅を続け、80歳、2月15日に大涅槃を迎えました。

第2項　上座部仏教・大乗仏教・チベット密教

　釈尊が入滅した後、弟子が集まり、その教えが間違えなく伝わるよう編纂会議を開きました。当初、口伝で伝承されましたが、後に文字で表わされました。それが『経典』です。
　釈尊の入滅後100年ほどたった頃、教団は戒律の解釈を巡って対立し、ついには、保守的な「上座部」とこれに反発する「大衆部」に分裂しました。「根本分裂」といいます。
　その後、「上座部仏教」はインドから南方に伝播し、スリランカ、タイ、ミャンマー、カンボジアなどの東南アジア諸国に根付きました。南に伝わったことから「南伝仏教」ともいいます。後に、「大乗仏教」が生まれ、シルクロードを経て、中国、朝鮮を経て日本へと伝わりました。北に伝わったこと

から「北伝仏教」ともいいます。さらに、数世紀の後、第三の潮流が誕生し、インドから、ヒマラヤ山脈を越えてチベットへ伝わりました。「チベット密教」です。

第3項　日本への伝播

　仏教の日本への伝来は、飛鳥時代、538年（諸説あり、『日本書紀』では552年）に、百済の聖明王が欽明天皇に仏像や経論などを献上した時とされています。

　その後、高句麗から渡来した高僧、恵慈和尚（？〜623年）から仏教を学んだ聖徳太子（574〜622年）が、仏教を国家の礎として定め、日本に広めていきました。

　飛鳥時代から奈良時代にかけて、多くの宗派が開かれました。鎮護国家のための仏教であり、今のような宗派ではなく、教学研究を中心とした学派のような性格を有していました。その代表が倶舎宗・成実宗・律宗・法相宗・三論宗・華厳宗の六宗であり、南都六宗とも、奈良仏教とも呼ばれています。現存するのは、律宗・法相宗・華厳宗です。

　平安時代初期には、入唐した最澄上人が天台宗を、空海上人が真言宗を開宗しました。

　鎌倉時代になると、良忍上人が融通念仏宗を、法然上人が浄土宗を、栄西禅師が臨済宗を、親鸞聖人が浄土真宗を、道元禅師が曹洞宗を、日蓮聖人が日蓮宗を、一遍上人が時宗を開きました。皇族家や公家のものであった仏教は、武家や

庶民へと広がりました。

　江戸時代初期には、明(中国)より来日した隠元禅師によって黄檗宗がもたらされました。

　このように、多くの上人が現れ、縁ある『経典』を拠り所としてそれぞれ宗門を開きました。そのため、仏教は、皇族家から公家、武家、庶民へと日本全国に広まり定着していきました。

■第3節　日本の13宗

第1項　八万四千の法門

　仏教に、キリスト教、イスラム教を加えて、世界の三大宗教といいます。その教えを記したのが聖典です。キリスト教が新旧の聖書、イスラム教はコーラン1冊であるのに対し、仏教には8,000巻ともいわれる膨大な経典があります。

　仏教が、これほど多くの教えを持つに至った原因は、釈尊の悟りの内容が深淵でかつ不可思議なものであり、加えて、人ごとに、性格、能力、興味、感覚、心の状況などに違いがあることから、人に即して導き方を変えたからにほかなりません。

　例えば、弘法大師空海は『秘密曼荼羅十住心論』(以下『十住心論』)において、私たちの心の状態を10段階に分類して示しています。

第一　異生羝羊心(いしょうていようしん)：道徳的に目覚めることなく、本能の趣くままの段階
第二　愚童持斎心(ぐどうじさいしん)：道徳に目覚めた段階
第三　嬰童無畏心(ようどうむいしん)：宗教に目覚めた段階
第四　唯蘊無我心(ゆいうんむがしん)：仏教に入門する段階
第五　抜業因種心(ばつごういんじゅしん)：苦を自覚し、苦悩を除きたいと願う段階
第六　他縁大乗心(たえんだいじょうしん)：自分だけでなく、他人をも救いたいと願う段階
第七　覚心不生心(かくしんふしょうしん)：一切は空であると覚る段階
第八　一道無為心(いちどうむいしん)：相対性を超えた立場が最高の境地であると覚る段階
第九　極無自性心(ごくむじしょうしん)：宇宙との一体性を覚る段階
第十　秘密荘厳心(ひみつしょうごんしん)：悟りの境地

　理解力についても、人それぞれで、理論的に説明すればわかる人もいれば、直感的な表現の方がわかる人もいます。どんなに有難い教えであっても、興味のないことや、レベルの合わないことであれば、聴く気にはならず、拒否反応を起こしかねません。
　このような違いに合わせて、論理的に説明し、比喩を使ってイメージさせるなど様々な手立てを駆使したため、仏教は、

第5章　仏教概説

「八万四千の法門」といわれるほど、膨大な数の教えとなりました。

　これらの教えのうち、自分と縁のある『経典』を拠り所として宗派を開いたのが、開祖と呼ばれる上人方です。

　日本には、中国から伝わった宗派だけでなく、日本独自の宗派があり、奈良仏教系、法華経系、密教系、禅宗系、浄土系をあわせて13宗あります。

　学問・修行・加持祈禱・禅・念仏・題目などの特徴があり、また、使う用語や表現方法にも違いがあるので、一見すると、別物のようにも見えます。

　しかし、それは、入り口や導く方法の違いであり、その目的は、釈尊が抱いた課題の解決にあることに変わりはありません。そこで次に、各宗派の特徴と教義を概観します。

第2項　奈良仏教系

1．法相宗

　法相宗は、唯識宗とも呼ばれます。唐の玄奘三蔵（602～664年）により開宗され、奈良時代、その弟子の道昭法師（629～700年）により日本にもたらされました。

　一切万法〔私たちが認識している全てもの〕は、自分自身の心が作り出したものであると教えます。念仏、禅など、一つの行だけに専念するのではなく、様々な行を長い時間をかけて修することにより、段階を経て仏に至ると教えます。

２．律宗

　律宗は、奈良時代に、唐から来日した鑑真和上(688 〜 763年)により開宗されました。
「戒律」を守ることにより成仏を目指します。そのため、「戒律」の研究と実践に重きを置いています。「戒律」は修行者が守るべき生活規範で、自発的に守ろうとする「戒」と、罰則を伴う他律的な「律」からなります。

３．華厳宗

　華厳宗は、隋・唐の杜順和上(557 〜 641年)により開宗されました。奈良時代、唐の道璿により東大寺の良弁僧正(689 〜 773年)に伝えられ、その後、日本に広まりました。
　『大方広仏華厳経』(以下『華厳経』)を拠り所としています。
　中心的な教えである「一がそのまま多であり、多がそのまま一である」に基づき、我執を捨て去り、無心となり、ありのままに、ものごとを見る修行に取り組み、毘盧舎那仏の華厳世界に導かれることを目指します。

第３項　法華系

１．天台宗

　天台宗は密教系でもあり、また『妙法蓮華経』(以下『法華経』)を重視するところから法華系でもあります。
　隋の智顗禅師(536 〜 597年)により開宗され、平安時代、

最澄上人（767〜822年）により日本にもたらされました。
『法華経』こそが、釈尊の最勝の経典であるとします。
　しかし、他の経典を捨てることはなく、仏の真意がわかれば、すべての経典が真実であることがわかると教えます。
　すべての人が仏に成ることができるとの「法華一乗」を根本とし、円教〔完全な教え・法華経〕、密教、禅法、戒法の四宗を融合したところに特徴があります。

２．日蓮宗
　日蓮宗は、鎌倉時代、日蓮聖人（1222〜1282年）により開宗されました。江戸時代までは法華宗または日蓮法華宗と呼ばれました。
『法華経』こそが、釈尊の本懐にして最勝の経典であるとして拠り所とします。その実践として、「南無妙法蓮華経」の7文字には『法華経』の功徳がすべて込められているとの教えに基づき、題目を唱えることを重視します。本尊・題目・戒壇を三大秘法とし、題目を繰返し唱えることにより、現世での成仏を目指します。

第４項　密教系
１．真言宗
　真言宗は、平安時代、唐の恵果阿闍梨（746〜806年）に師事した空海上人（774〜835年）により開宗されました。

「真言」とは、仏の真実の言葉であり、本来、人間の言葉では表現できるものではありません。この隠された真実を明らかにした秘密の教えが、「密教」です。『大毘盧遮那成仏神変加持経』(以下『大日経』)と『金剛頂経』を拠り所とし、この身このままで仏と成る「即身成仏」〔この身のまま仏に成る〕を説きます。

口に真言を唱え、手に印を結び、心を整える「三密加持」により、最終的に大日如来と同レベルに達し、自分自身が仏〔大日如来〕であることに気付くことを目指します。

第5項 禅宗系

1. 臨済宗

臨済宗は、鎌倉時代、宋の虚庵懐敞禅師(生没不詳)に師事した栄西禅師(1141～1215年)により開宗されました。「不立文字、以心伝心」の教えに基づきます。経典や教えに依存せず相手の心に直接働きかけ、その本質を悟らせることに主眼が置かれ、師から弟子への悟りの伝達を重んじます。

代表的な行法に、坐禅を組みながら師と弟子が対面し、師に示された公案を解いて大悟を目指す「看話禅」があります。

2. 曹洞宗

曹洞宗は、鎌倉時代、宋の如浄禅師(1162～1227年)に師事した道元禅師(1200～1235年)より開宗されました。

道元の著した『正法眼蔵』に重きを置きます。臨済宗の「看話禅」とは異なり、面壁し黙して坐禅に徹する「黙照禅」を修し、各自が大悟することを目指します。加えて、坐禅については、悟りを目的とすると、その修行も打算的となり、その悟りも打算的なものになることから、ただひたすらに坐る「只管打坐」こそが、仏の姿であり、悟りの姿であると教えます。

3．黄檗宗

黄檗宗は、江戸時代、清より来日した隠元禅師（1592〜1673年）により開宗されました。禅宗の一派です。

わが身そのものが阿弥陀仏であり、わが心の他に浄土はない「己身の阿弥陀、唯心の浄土」の考えに基づきます。「看話禅」だけでなく、陀羅尼や『仏説阿弥陀経』（以下『阿弥陀経』）を読誦し、念仏も称えます。

第6項　浄土系

1．融通念仏宗

融通念仏宗は、平安末期、良忍上人（1072〜1132年）により開宗されました。

浄土系ですが、『華厳経』と『法華経』に重点を置き、『浄土三部経』〔浄土や阿弥陀仏を説いた『無量寿経』『仏説観無量寿経』（以下『観無量寿経』）『阿弥陀経』〕は、副として、

二義的なものとします。

「一がそのまま多であり、多がそのまま一である」との華厳宗の影響を受け、一人一人の祈りが全ての人の為となり、全ての人の祈りは自分のためになるとの教えに基づきます。

　自分の称える念仏の力と、他の人が称える念仏の力と、阿弥陀仏の一切衆生を救いたいとの願いの力、この三者が相即融通する〔区別できないほどに融けあう〕ことにより、私たちに具わっている仏性〔仏の本性、慈悲心〕が顕現され、往生し成仏すると教えます。毎日、百遍唱える念仏を「日課念仏」といい、修行の中心です。

２．浄土宗

　浄土宗は、平安末期、法然上人（1133〜1212年）により開宗されました。

『浄土三部経』のうち『観無量寿経』に重きを置きます。

　仏教を自力、聖道門と、他力、浄土門に分け、他力浄土門による成仏を目指します。『無量寿経』の「弥陀の第十八願」に、「まごころから念仏を称えたものは、極楽に救いとる」とあることから、念仏を称え、極楽に往生し、その後、極楽浄土での修行を経て成仏すると教えます。

３．浄土真宗

　浄土真宗は、鎌倉時代、法然上人の弟子である親鸞聖人

(1173～1262年)によって開宗されました。『浄土三部経』のうち『無量寿経』に重きを置きます。

　法然上人と同じように、念仏の教えですが、私たちはいずれ仏になることが約束されているので、敢えて求めなくても、信心を頂くことにより、身体が滅した時に浄土に往生し、仏となることができるので、浄土での修業は不要と教えます。

４．時宗
　時宗は、鎌倉時代、一遍上人(じ)(いっぺん)(1239～1289年)により開宗されました。
『浄土三部経』のうち『阿弥陀経』に重きを置きます。
　法然上人が「念仏」に重きを置き、親鸞聖人は、阿弥陀仏の十八願を信じる「信」に重きを置きましたが、一遍上人は、「念仏すなわち往生である」と説きました。仏の本願力は絶対なものと考え、阿弥陀仏を信じる、信じないは問題とはならず、念仏さえ称えさえすれば往生できると教えます。そのため、日々の生活での一瞬一瞬が臨終であると思い定め、一切を計らうことなく、ただ心のままに念仏を称えます。

第７項　分け登る麓の道は多けれど

　日本の仏教は、13宗56派といわれます。その教義などをみると、一見、違うように見えます。その勝劣を競ったこともありました。しかし、「宗旨の争い、釈迦の恥」との戒めが

あるように、その本質は、「悟り」とも、「真理」ともいわれるものであり、入り口や導く方法が違うだけのことで、目的は同じ、「仏に成ること」です。それを、

　　わけ登る麓の道は多けれど同じ高嶺（たかね）の月を見るかな

の道歌（どうか）が教えています。

　さらに、日本独特の思想に、「本地垂迹（ほんじすいじゃく）」があります。本地（真実の身）を仏菩薩、垂迹（仮の身）を神とします。

　いまだ信仰心に目覚めていない人々であっても救いたいとの願いから、仏が菩薩や神に相を変えて顕現（けんげん）し、現世利益（げんせりやく）（商売繁盛・家内安全・学業成就・無病息災など、現世において利益を受けること）を表看板に人々を集め、手を合わせることを教え、最終的に仏道成就へ導きます。

　このように、仏教には身近なものから、高度で難解なものまで、多種多様な教えがあります。

　その基本となり、根幹となるのが「四諦八正道（したいはっしょうどう）」です。

第6章　仏教の基本「四諦八正道」

「四諦八正道」は、釈尊が悟りを開いた後、初めて説いた教えであり、仏教の基本となるものです。
　自分で、自分の真の姿を知るところから始まります。
　その上で、仏の道に目覚めることができれば、どのような人であっても、教えに従って仏道を歩むことにより、仏に成ることができると教えます。

■第1節　四諦八正道

　四諦の「諦」とは「真実」、「真理」の意味で、次の四つをいいます。
　① 苦諦：現状把握（人生は苦である）
　② 集諦：原因分析（苦の原因は煩悩にある）
　③ 滅諦：目標設定（煩悩を滅した境地が涅槃である）
　④ 道諦：解決方法（涅槃、悟りに至る方法がある）
『雑阿含経』においては、医術にたとえて、

　　　大医王は、
　　　よく病を知り、よく病の源を知り、
　　　よく病を知りて退治し、よく治病を知りて、

さらに動発させることがない。

と説かれています。
　私たちも同じ道筋で、問題の解決をはかっています。
　① 現状把握：現状を把握し、問題を洗い出します。
　② 原因分析：問題が生じた原因を探ります。
　③ 目標設定：問題が解決した状態を目標とします。
　④ 解決方法：目標達成の手段を考え、実行します。
　釈尊は、悟りの内容を私たちにもわかるように論理だてて示したもので、自分の真の姿についての自覚を促すものです。

■第2節　苦諦

第1項　苦の自覚

　苦の自覚、すなわち、釈尊が抱いた課題です。
　地位、名誉、財産、権力を手中に収め、文武ともに秀でたものを持ち、幸せな家庭を築き、恵まれた境遇を得ようとも、私たちが、苦の中にいることに変わりはありません。
　しかしながら、そのような状況を自覚している人、あるいは自覚しようとしている人は多くはありません。むしろ、「人生は苦しみばかりである」といわれると、「そのようなことはない。楽しいものだ」などと、反発する人さえいます。
　まずは、釈尊が、私たちの一生を称して「一切皆苦」と看

第6章 仏教の基本「四諦八正道」

破した、そのことに目を向けるべきでありましょう。

釈尊は、身心を悩ませる苦として、苦苦（くく）、壊苦（えく）、行苦（ぎょうく）の三種類があると説いています。

苦苦は、頭痛、打撲痛（だぼく）などの痛みに加え、寒暑（かんしょ）、飢渇（きかつ）など、身体で感じる感覚的な苦、全般をいいます。

壊苦は、失恋、失業など、楽しいこと、続いてほしいことが喪失して生じる精神的な苦です。

行苦は、この世界にあるものが、必ず変化することを覚って生じる苦です。例えば、今は幸せでも、それが続かないことを知り、不安や不満に思うように、ものごとの移り変わりを察知し感じる苦です。壊苦が、今ある楽しみの喪失が原因となるのに対し、行苦は、まだ喪失はしていないものの、いずれ喪失することを知ることから生じます。万物の霊長、知性あるが故の苦しみです。

さらに、私たちが感じる代表的な苦を大別したのが、四苦八苦です。生・老・病・死の四つに、愛別離苦（あいべつりく）、怨憎会苦（おんぞうえく）、求不得苦（ぐふとっく）、五蘊盛苦（ごうんじょうく）の四つを加えた八つをいいます。

① 生　　苦：生れる苦しみ、生きる苦しみ。
② 老　　苦：老いる苦しみ。
③ 病　　苦：病の苦しみ。
④ 死　　苦：死ぬ苦しみ。
⑤ 愛別離苦：愛するもの、大切なものと別れる苦しみ。
⑥ 怨憎会苦：怨（うら）み憎むものと会う苦しみ。

⑦ 求不得苦：欲しいものを求めても得られない苦しみ。
⑧ 五蘊盛苦：心身が盛んなことにより生じる苦しみ。

どのような人であっても、これらの苦は決して避けて通ることはできません。いやだからといって逃げることなく、自分の問題として受け入れることから、問題解決は始まります。

第2項　四苦八苦
1．生苦

生きることは簡単ではなく、様々な苦しみを受けながら、人生を歩みます。しかも、覚えてはいませんが、人生のスタートの時にも、大変な苦しみを受けています。

人がこの世に生まれ出る過程で受ける苦について、『正法念処経（しょうほうねんじょきょう）』『大宝積経（だいほうしゃくきょう）』（以下『宝積経』）『阿毘達磨倶舎論（あびだつまくしゃろん）』（以下『倶舎論』）などに、次のように明らかにされています。

　　男性の白い雫（しずく）と女性の赤い雫が和合すると、母胎に受胎し、小さな単細胞が生じます。その心身共に渾然（こんぜん）一体に融けこんだ小さな塊を「カララ」〔凝滑（ぎょうかつ）状態・初めの7日間〕といいます。それが胎内で7日ごとにアッブダ（あぶく状・次の7日間）、ペーシー〔血肉（けつにく）状・次の7日間〕、グァナ〔堅肉（けんにく）状・次の7日間〕、プラシャーカー〔枝節、それ以後、出産までの期間〕へと成長していきます。

第6章　仏教の基本「四諦八正道」

そして、

　胎内にいること10ヶ月、それは牢獄にいるようで、その身が山に押しつぶされるように感じるほどの苦しみを受けるのです。

さらに、続いて生じる、出産時の苦しみについて、

　時が満ちると、力強い、出産の風によって、胎児は最高の苦しみを経験しつつ、頭を下に向けます。
　そして、頭を下に向けたまま、狭い母胎の戸口（産道）を通り、風によって、痛みを伴って、排出させられます。

その後の苦しみについて、

　体外に出て空気に触れた瞬間、あたかも、牛が生きたまま皮を剥がされて、土壁に擦こすられような、すさまじい激痛が走ります。

私たちは、これほどの痛みや苦しみに耐えながら、この世に生まれてきたのですが、覚えてはいません。
　医学や医療技術が進歩し、『経典』に説かれた内容がわかるようになってきています。

２．病苦

肉体的な病だけでなく、精神的なものもあります。今は、健康でも、いつ、病にかかるかわかりません。

病気にかかった時には、痛みや不快感に苛まれます。飲食や行動の制限を課されたりさえします。不治の病となれば、今後への不安や恐怖、絶望や落胆など、精神的な苦しみが加わります。余命を告げられた時の苦悩は想像を絶するものがあります。病いは逃れたいと思っても避けて通れないものであり、自分だけでなく、家族や大切な人が罹患しても、計り知れない苦悩をもたらします。

医学の進歩には、目を見張るものがあります。しかし、難病や未診断疾患など、新たな病が尽きることはありません。

３．老苦

人は、老いるものですが、誰しも老いたくはないと思いますし、老人になるのは、もっと先のことと考えがちです。

若いままでいたいと、抵抗を試みても、老いはひたひたとやってきて、様々な変化をもたらします。

髪は白く薄くなり、皺やシミが増え、動作が緩慢となり、視覚や聴覚が衰え、物忘れは激しくなり、若いころできたことができなくなります。頑固さは増し、自分本位となり、他人の話を聴こうとしません。病気のリスクも高まり、骨折、失禁、痴呆は老人の三大症候群と呼ばれます。

精神的な苦悩にも襲われます。気力は萎え、黄昏(たそがれ)ていく人生の中で、経済的な心細さ、病気や介護の不安などに付きまとわれます。家族や友人を見送りながら、人生の虚しさや儚(はかな)さを味わい、自分の順番を待ちます。「死」は間近です。

4．死苦
(1) 死の自覚
　かつて、老・病・死は、私たちの身近にありました。
　しかし、近年では、病気になると病院へ、老いると老人ホームへ追いやられ、8割以上の人が、医療機関で最期を迎えます。
「今さえよければそれで良い」との刹那主義が蔓延(まんえん)する現代では、できるだけ長く健康に生き、しかも、死の際に生じる苦しみは少なく、家族や周りの人に迷惑をかけず、楽に死ねればそれで良しとする「ピンピンコロリ」が理想です。
　そのような人に向かって、「死の準備」「後生」といっても、
「死ぬことなど怖くない。どうってことない」
「後生なんて関係ない。そんなことは、必要ない」
と豪語するかもしれません。しかし、古歌に、

　　後の世と聞けば遠きに似たれども
　　知らずや今日もその日なるらん

とあるように、いざ、自分に死を突き付けられると、慌てふためき、準備のないことに気づき、後悔するのです。
　西洋においても、パスカル（Blaise Pascal、1623 〜 1662年）が『パンセ』（Pensée）の中で、

　　次のことを想像しよう。
　　牢獄に数人の囚人が鎖に繋がれている。囚人たちは、みな死刑を宣告されている。そして、毎日、その中の何人かが目の前で殺されていく。残った囚人は、自分の運命も同じであることを覚り、悲しみと絶望とのうちに互いに顔を見合わせながら、自分の番が来るのを待っている。
　　これが人間の真の姿なのである。

と記しています。
　私たちは、必ず死を迎える「死刑囚」なのですが、日々の生活にかまけ「死」を遠ざけ、目をつぶり、自覚しようとしないでいます。

（2）死とは
　一般に、命がなくなることを死といいます。
　しかし、実際には生と死の境目は明確ではありません。社会の制度として必要とされることなので、定義や判断によって死としています。

第6章　仏教の基本「四諦八正道」

　死に際して、自発呼吸停止、心拍動停止、瞳孔散大、諸反射消失、体温降下、顎硬直、全身硬直、筋肉弛緩、皮膚蒼白化、死斑、死臭、腐敗など、身体の変化が生じます。

　医療では、基本的に、自発呼吸停止、心拍動停止、瞳孔散大の「死の三兆候」をもって死と判断し、臓器移植では、「脳死」を持って死とします。

　このような死について、私たちは、明るく喜びに満ちた生とは大きく異なり、暗く悲しいものとして恐れを抱きます。

　それに対し、仏教では、生と死は同じものの裏表であって、その本質は変わらないと教えています。

　『四十二章経』に、「出息入息　不待命終」(出る息は、入る息を待たずして命終わる)と説かれています。つまり、私たちが繰り返す、吸って吐いて、吸って吐いての一息一息が生死ということです。

　一瞬一瞬に生死を繰り返す様子について、宮沢賢治は、『春と修羅』の「序」の冒頭において、仏教に依拠して、

　　わたくしといふ現象は
　　仮定された有機交流電灯の
　　ひとつの青い照明です
　　　(あらゆる透明な幽霊の複合体)
　　風景やみんなといつしよに
　　せはしくせはしく明滅しながら

いかにもたしかにともりつづける
　　　因果交流電灯の
　　　ひとつの青い照明です
　　　　（ひかりはたもち　その電灯は失はれ）

と表現しています。
　いずれにせよ、出た息が戻らなければ、命は終わります。

(3) 死の恐怖
　生まれて来たからには、必ず死ななければなりません。地位・名誉・財産・権力を持ち、わが世の春を謳歌していても、死を避けることはできません。
「死」に直面する前に対応策を模索しようと、前もって「死」について考えようとしても、誰も経験がなく、あらゆる方法を駆使しても、本当のところはわかるものではありません。医療関係者でさえ、遺体を見ているだけで、「死」そのものを見たことも、体験したこともありません。臨死体験など、死後の世界を見たという人もいますが、臨死であって、真の死ではありません。
　そのため、私たちは「死」という人生の一大事を、なおざりにして何も考えず、避けるようにして人生を送っています。
　それだけに、突然、自らに「死」が突きつけられた時、「死んだらどうなるのか」「どこに行くのか」などと、言葉では

第6章　仏教の基本「四諦八正道」

表すことができないほどの恐怖に襲われます。
「死」に直面した時の恐怖について科学的に研究した学者がいます。精神科医エリザベス・キューブラー・ロス（Elisabeth Kübler Ross、1926〜2004年）です。世界的なベストセラーとなった『死ぬ瞬間』（On Death and Dying）において、不治の病となった際、「死」をどのように受容していくか、その過程を五つの段階に分けて明らかにしています。

① 否認と孤立：「自分が死ぬ」という事実に衝撃を受け、頭では理解しようとするものの、「なにかの間違いだ」と感情的にその事実を否認し逃避している段階。

② 怒り：「自分が死ぬ」という事実を認識し理解しつつあるものの、「何故、悪いことをしていない自分がこんな酷(ひど)い目に会うのか」「もっと悪いことをしているヤツがいるじゃないか」というような怒りにとらわれる段階。

③ 取り引き：「自分が死ぬ」という事実を受け止めた上で、財産を神仏に寄付するから死を遅らせてほしい等、それまで信仰を持たなかった人でさえ神仏にすがり「取り引き」をしようとする段階。

④ 抑(よく)うつ：神仏にすがっても死を回避することも、延期することもできません。それがわかり「神も仏もない」と悲観し、絶望に打ちひしがれ憂うつな気分になる段階。

⑤ 受容：「自分が死ぬ」という事実を受容し、死ぬことが自然なことだという気持ちになり、自分の人生の終わ

第2節　苦諦

りを、静かにみつめ、心が平穏となる段階。
「死ぬことなど怖くない」といっていた人でさえ、いざ死に直面すると、慌てふためき恐怖に怯えます。莫大な財産、強大な権力、秀でた才能を持っていても、死の前では、何の役にも立ちません。誰も代わってもくれず、激痛や不快感に耐えながら、家族や親しい人から引き裂かれる悲しみ、何とも言えぬ寂寥(せきりょう)感や後悔に苛まれ、これから何が起きるのか、どこに行くのかがわからない恐怖に怯(おび)え慄(おのの)き、死を迎えます。

人間にとって最大の恐怖であり、苦しみが「死」です。

何事においても、準備ができている人と、できていない人では、結果が変わります。最近、「終活」が話題となっていますが、この解決こそが、本来、「人生の終わりのための活動」においてなすべきことといえるでしょう。

事前に「死」そのものを知ることはできませんが、生あるうちに死後の憂いをなくして、心の安寧を得ること、それが「宗教」に課された役割です。

5．求不得苦

求めても得られない苦しみです。

人間の欲望は多種多様です。それを分類して、食欲、睡眠欲、性欲の「三大欲求」といわれます。
「三大欲求」に、財欲、名誉欲を加えて五欲とも、生存欲、怠惰欲、感楽欲、承認欲を加えて七欲ともいわれています。

83

いずれにせよ、なければ欲しい。手に入れたらもっと上のものが欲しくなります。私たちの欲望には際限がありません。「もっと、もっと」と足ることを知らず、欲望が満たされないことによる苦しみです。

6．愛別離苦
愛する人とも、別れなければならない苦しみです。

この世は無常です。親子、伴侶、友人、恩師など、どんなに大切な人とも、いつかは必ず別れなければなりません。生き別れもあれば、死別もあります。子供の数より、ペットの数が上回る昨今、愛犬や愛猫の死により、ペットロスに陥る人も少なくありません。

愛すれば愛するほど、大切に思えば思うほど、別れは、つらく、悲しく、苦しく、なかなか前を向くことができません。

7．怨憎会苦
怨み憎む人にも会わなければならない苦しみです。

学校、職場、親戚、近所などに、嫌な人、憎らしい人、顔も見たくない人がいるものです。会いたくないと思っても、避けることはできません。セクハラ、パワハラ、カスハラ、モラハラなどは、社会問題となっています。

「かわいさ余って憎さ百倍」の諺が教える通り、好き嫌いは裏表一体です。怨憎会苦（おんぞうえく）は愛別離苦と逆の苦しみといえるで

しょう。

　8．五蘊盛苦
　五蘊（五陰）は、私たちの身心を形成している、色（物質）、受（感情）、想（概念）、行（意志）、識（意識）の五つの要素です。それらが盛んであることから生ずる苦しみです。
　心身が充実し、食欲や睡眠欲や性欲などが旺盛なことによって生じます。

　このように、私たちは苦しみとともに生まれ、苦しみの中を生き、藻掻き苦しみながら死んでいきます。栄耀栄華を誇っていても、また、今は幸せだと思っていても、それは儚い夢の如きものです。

■第3節　集諦

第1項　十悪
　苦の原因を分析するのが集諦です。
　仏教では、「因果の道理」を前提とし、私たちに苦をもたらした原因を、自分がなした悪い行いに求めます。
　その代表が十悪です。
【身で作るもの】
　① 殺生：生き物を殺すこと。自分が生き物を傷つけても、殺してもいけません。さらに、他人にさせても、他人

第6章 仏教の基本「四諦八正道」

　　がするのを容認してもいけません。
　② 偸盗（ちゅうとう）：人のものを盗むこと。自分が盗むだけでなく、他人に盗ませても、他人が盗むのを容認してもいけません。さらに、ものだけでなく、遅刻〔他人の時間を盗む〕や、盗み聞き〔盗聴〕、盗み目〔盗撮〕も偸盗となります。
　③ 邪淫（じゃいん）：みだらな男女関係を持つこと。不倫。

【口で作るもの】
　④ 妄語（もうご）：嘘をつくこと。
　⑤ 綺語（きご）：意味のない飾り言葉を使うこと。お世辞。
　⑥ 悪口（あっく）：人を悩ませる言葉を使うこと。誹謗中傷。
　⑦ 両舌（りょうぜつ）：表と裏のある言葉を使うこと。

【心で作るもの】
　⑧ 貪欲（とんよく）：欲するものを、必要以上に貪り求めること。
　⑨ 瞋恚（しんに）：自分の意向に違うことに、激しく怒り憎むこと。
　⑩ 愚痴（ぐち）：「因果の道理」がわからず、どうしようもないことを嘆くこと。

　貪欲、瞋恚、愚痴を、「煩悩（ぼんのう）」といいます。心で思うだけですから、他人に迷惑もかけず、問題がないように思いますが、思っただけでも罪となります。しかも、それが元となり、口や身で悪を犯しますから、十悪のうちでも根本となる悪となります。

第2項　貪欲

　貪欲とは、自分の欲するものを貪り求めること、度を超えて欲の深いことをいいます。例えば、テレビをつけると、怒濤のようにCMが流れ、購買意欲が掻き立てられています。持っていなければ欲しいと思います。持っていても、それに飽き足らず、それ以上のものが欲しくなります。しかし、全部を手に入れることはできません。それを苦と感じます。
　「貪欲」により苦しむ姿について、釈尊は、『無量寿経』「三毒・五悪段」に、

　　　地位の高低、富の大小などの違い、年齢や性別の如何に関りなく、皆、一様に、金銭や財産のことで悩んでいる。そして、その有る無しに拘らず思い煩うことには変わりがない。うろたえたり、ふさぎ込んだりして様々な思い煩いを重ね、常に欲に振り回されて少しも安らかな時がないのである。
　　　田があれば田について悩み、家があれば家について悩む。牛や馬などの家畜をはじめ、使用人、金銭や財産、衣服や食物、道具類についても、有れば有るで憂い悩む。所持していること自体が心配の種となり、溜息をついて嘆き恐れるのである。地位の高い人も、裕福な人も、やはり、このような苦しみがある。
　　　一方、貧しい人や地位の低い人は、物が無いために苦

第6章　仏教の基本「四諦八正道」

　　しみ悩み、常に心は不足ばかりである。田が無ければ田
　　が欲しいと悩み、家が無ければ家が欲しいと悩む。

と説いています。
　しかも、その対象となるものは、求めても虚しいものばかりです。釈尊は『四十二章経（しじゅうにしょうきょう）』に、

　　私は世間のものを次のように見ている。
　　高位高官を旅人のように。
　　金銀財宝を砂利（じゃり）のように。
　　白絹（しろぎぬ）の衣を雑巾（ぞうきん）のように。

と示しています。
　高い地位や、強大な権力は、一夜の泊まり客のようなもので、長くとどまることはなく、すぐに離れて行きます。
　金・銀・ダイヤモンドなどの宝石は、誰かが山奥から掘り出し、磨き、勝手に価値を決めて売買しているものであり、もとを辿（た ど）れば、ただの石っころにすぎません。
　大枚（たいまい）をはたいて、お洒落な衣服を買ったところで、飽きたり、体形に合わなくなったり、流行遅れになったり、汚れたりして、いずれは、手放すことになります。
　人間は多少の欲がなければ、生きてはいけませんが、私たちが求める、地位・名誉・財産・権力など、その本質は儚い

夢のようなものです。そのため、釈尊は、「小欲知足」、つまり、人を傷つけても欲しいというような、激しい欲望を持つべきではなく、足ることを知れと教えています。

第3項　瞋恚

瞋恚とは、自分の意向に違うものに対し、いかり憎むこと、憎悪をいいます。

「瞋恚」により苦しむ姿について、釈尊は『無量寿経』「三毒・五悪段」に、

> もし心に怒りを生じて争いを起こしたなら、この世では些細な憎しみであっても、後の世には次第に激しくなり、途方もなく大きな恨みとなるのである。
>
> 何故かといえば、この世のことは、人それぞれが互いに傷つけ合い、たとえ、それが大事とはならないにしても、心の中には悪意を抱き、怒りを蓄えて、それはいつまでも心の中に刻みつけられている。
>
> 後の世には、お互いに仇敵となって生まれ合い、いつまで経ってもその報復の絶えることがないのである。

と説いています。

瞋恚の炎が燃えさかると、争いごとが生じます。抗争が極まれば、殺戮へと向かいます。怨みが怨みを呼び、果てしな

第6章　仏教の基本「四諦八正道」

い報復の連鎖が生じ、周りを巻き込み終わることはありません。その極みが戦争です。しかも、その連鎖は死んで終わりではなく、その後も続いていきます。その先には悲劇しかなく、実に愚かしいことです。
　『法句経(ほっくきょう)』に、

　　恨みは、恨みによってやまず
　　恨みは、恨み無きによってのみやむ

とあるように、怒をおさめ、怨みを返さないこと以外には、争いの連鎖を止める方法はありません。
　この聖句こそ、仏教が「平和な宗教」と呼ばれる所以(ゆえん)です。

第4項　愚痴

　愚痴とは、愚かなこと。真理に対する無知をいいます。「愚痴」により苦しむ姿について、釈尊は『無量寿経』の「三毒・五悪段」に、

　　世間の人々は善い行いをすれば善い報いが得られ、道を修すれば、悟りが得られるということを信ぜず、人が死ねば次の世に生まれかわり、恵みを施せば福を得られるということを信じない。
　　このように「善悪」ならびに「因果の道理」を全く信

じるとはなく、却(かえ)ってそのようなことは無いと言って、最後までこれを認めることがない。このような見解に止まっているので、子孫も代々これを見習い、先祖と同じく「因果の道理」を信じないのである。そして、親の間違った考えを次から次へと受け継いでいくのである。

と説いています。
　私たちは、「因果の道理」について、頭で理解しているつもりでも、心から信じ切ることができません。そのため、悪いとわかっていても、事も無げに、悪を犯しています。
　すべての悪の根源であり、苦の根源が愚痴です。

■第4節　滅諦と道諦

第1項　滅諦

　私たちの苦しみの根本原因は、煩悩にありますから、苦しみから逃れたいと思うのであれば、煩悩を滅すればよいことになります。
　煩悩を滅した、安らかな境地を「涅槃(ねはん)」といいます。釈尊が会得した答えであり、「悟り」の境地です。「成仏(じょうぶつ)」とも、「解脱(げだつ)」とも、「彼岸(ひがん)」ともいいます。

第6章　仏教の基本「四諦八正道」

第2項　道諦

　煩悩を滅し、「涅槃」へ到るための方法を説き明かしたのが「道諦」です。具体的に、三学、四念処、四正勤、四神足、五根、五力、七覚支、八正道、六波羅蜜多行などがあります。

　ここでは、釈尊が最初の説法で示した教え、「八正道」を取り上げます。

「八正道」とは、次の八つの実践をいいます。
① 正　見：自己中心的な見方や、偏った見方をせず、正しい物の見方を心がけること。
② 正思惟：自己中心的な考えを捨て、貪・瞋・痴の三毒の煩悩に惑わされることなく、正しく考えること。
③ 正　語：妄語、綺語、両舌、悪口をせず、正しい言葉を使うこと。
④ 正　業：貪・瞋・痴の三毒の煩悩を離れ、正しい行いをすること。
⑤ 正　命：健全で正しい生活を送ること。
⑥ 正精進：正しい努力をすること。
⑦ 正　念：雑念を払い、心の安定した状態を保つこと。
⑧ 正　定：精神を統一して、心をしずめること。

　以上のように、釈尊は、私たちのようなものであっても、四諦をしっかり理解し、八正道を修すれば、一切の苦縛から逃れ出る、すなわち、仏に成ることができると説いています。

第7章　仏教の根本原理「因果の道理」

■第1節　因果の道理

第1項　因果の道理とは

「四諦八正道(したいはっしょうどう)」の基礎となり、仏教の根本原理ともいわれるのが「因果の道理」です。

「因」は原因を、「果」は結果を、「道理」は、物事のあるべき筋道(すじみち)、理(ことわり)をいいます。したがって、「因果の道理」とは、ものごとには必ず原因があり、原因なしに起きることはなく、逆に、原因を作ったならば、必ず、結果が生じることを明らかにしています。

それを端的に表したのが「蒔(ま)かぬ種は生えぬ」の諺(ことわざ)です。

第2項　善悪と苦楽

「因果の道理」はこの現象世界を貫く理です。

雲井昭善(くもいしょうぜん)博士は、『業思想研究』の中で、『相応部(そうおうぶ)』(パーリ語経典)から引用して、

　　種子が蒔かれるとそれと同じに果報をとる(ように)
　善行者は善い(果)を、悪行者は悪い(果)をとる。
　　種子は蒔かれ植えられた。
　　汝は、その果報を受けるだろう。

と、「因果の道理」を示しています。
　このように、現象世界においては、善をなせば安楽がもたらされ、悪をなすと苦がもたらされることになります。
　それを「善因楽果、悪因苦果、自業自得」といいます。
　因と果は、行為ごとに対応します。したがって、苦果が楽果で相殺されることも、楽果が苦果で帳消しにされることもなく、苦は苦として、楽は楽として、それぞれが生じます。
　それも、結果が生じるまでのタイミングはまちまちです。すぐに生じるものもあれば、しばらく時間がかかるものもありますが、因が途中で消失するようなことはなく、必ず、結果は生じます。
　それ故に、いくら安楽を求めても、過去に善をなしていなければもたらされることはなく、逆に、いくら苦を逃れたいと思っても、過去に悪をなしていれば、必ず、自分に降りかかります。
　このように、私たちがいる現象世界は、「因果の道理」に貫かれており、自分の意思で自由になるものではありません。
　それにも関わらず、私たちは、自分の思い通りにしようとしますが、叶うはずはありません。
　自分の思い通りにならないから苦しい、それが、私たちの苦しみの本質です。「四苦八苦」も、次のように言い換えることができます。

① 生　　苦：苦しい世界には生れたくなかったのに、生まれてしまった。
② 老　　苦：若いままでいたいのに老いてしまった。
③ 病　　苦：元気でいたいのに病気になってしまった。
④ 死　　苦：生きていたいのに死を迎えてしまった。
⑤ 求不得苦：欲しくてたまらないのに得られない。
⑥ 愛別離苦：離れたくないのに別れてしまった。
⑦ 怨憎会苦：顔も見たくないのに会ってしまった。
⑧ 五蘊盛苦：身体が元気で欲望を抑えられない。

第3項　自業自得

　苦しいことだけでなく、楽しいことも含めて、自分が受ける苦しみ（安楽）は、自分がなした悪行（善行）によるもので、自分に起こることは、すべて自分の過去の行為に原因があるということで、他人の所為にはできません。

　それを「善因楽果、悪因苦果、自業自得」といいます。

　では、それを信じ切っているかと問われると、疑問が残ります。それは、現実に起きる出来事を見ると、そのようにはならず、善人が悲惨な目に遭ったり、悪人が豊かな暮らしをしたり、正直者が馬鹿をみるような理不尽なことが起きているからです。

　そのため、「自業自得などない」「人の幸不幸は、運次第」と思い、「因果の道理」を信じる気も失せ、倫理を守ることや、

第7章　仏教の根本原理「因果の道理」

真面目に生きることが虚しく、馬鹿馬鹿しく思えてきます。
　このような理不尽なことが生じるのは、「因果の道理」に関連した「三世」、「業」、「縁」といった要因があるからです。そのため、実際は、「自業自得」は成立しているのですが、私たちの目には成り立っていないように見えてしまいます。

■第2節　三世と輪廻転生

第1項　因果は巡る

　私たちは、ものごとを「現在」という時間の枠組みの中で、かつ、五感に基づいて認識しています。
　そのため、「食べ過ぎて、腹痛を起こした」のように、今、目の前で起きている現象であれば、「因」と「果」の両方が見えます。その関係性を確認できますから、「自業自得」は納得できます。
　しかし、この現象世界は、あらゆるものを包み込む、三千大千世界の広大無辺の空間(宇)と、無始(始めがわからない)の遥か昔から未来永劫へと続く、滔々と流れる時間(宙)で成り立っています。
　このような時空の中で、因と果は、過去世・現在世・未来世にわたり複雑な関係を織り成して生じます。そのため、時間や空間を隔てて生じるような因と果は、その関係性を確認することができず、私たちには、「自業自得」が成立してい

第2節　三世と輪廻転生

ないように感じてしまいます。

第2項　死んで終わりではない

　過去世や来世があるといっても、存在を信じない人もいます。そのような人は「過去世も、来世もない。死んだら終わり、今が良ければいい」「バレなければ、何をしてもいい」などと嘯きます。

　確かに、私たちは、五感を研ぎ澄ましても、過去世や未来世の存在を、捉えることはできませんが、理屈で考えることにより、その存在を認めることはできます。

　例えば、現在、80億もの人口を数えますが、人種や民族だけでなく、容姿、体力、知力、経済力、人柄、家柄、寿命、価値観など、様々な違いがあり、まったく同じ人間はいません。後天的なものもありますが、生まれた時に既に生じていたものもあります。

　ものごとには、必ず原因があります。生まれた時点で既に違いがあるのであれば、生まれる前に原因があったということになります。生まれる前のことを過去世（ないし前世）といいます。よって、過去世があったということになります。

　さらに、過去世から現在世（今）を見ると、来世にあたります。そこから類推すると、現在世（今）の先、つまり、未来世（未来）があるということになります。このことから、現世だけでなく、過去世もあり、未来世もあることになりま

第7章　仏教の根本原理「因果の道理」

す。それが事実か否かは、確認も証明もできませんが、「無い」という証明もできません。

　以上のことから、三世の有無は、煎じ詰めると、信じられるか、信じられないかに帰結します。

　三世を踏まえた「因果の道理」こそ、仏教の基幹となる教えですが、目に見えないが故に、理解できたとしても、信じ切ることは容易ではありません。

第3項　輪廻転生

　三世があるとの前提に立てば、私たちは、死んで終わりではなく、「因果の道理」にしたがい、現象世界を生まれ変り、死に変わりし続けることになります。

　それを「輪が廻るが如く」との意味で「輪廻」といいます。この思想は、仏教の特徴です。

　キリスト教では、世界の始めに「天地創造」が、終わりに「最後の審判」があり、始めから終わりに向かって一方向に時間が流れる直線的な歴史観を有します。

　死後については、死んだら天国もしくは地獄（カトリックでは煉獄を加える）に行くと信じられています。

　それに対し、仏教では、輪廻という循環、つまり、始めも終わりもなく、悠久の時の中で、生成と消滅を繰り返すとの円環的な歴史観を有します。

　輪廻する世界を、苦しみの度合いに応じて、地獄・餓鬼・

畜生・修羅(しゅら)・人間・天の六つに分け、それらを「六道」と呼んでいます。
　① 天　道：楽しみばかりの世界。長寿であるが寿命がある。
　② 人間道：楽しみ半分、苦しみ半分の世界。
　③ 修羅道：怒りが絶えず、闘いが続く苦しい世界。
　④ 畜生道：弱肉強食で、常に不安が付きまとう世界。
　⑤ 餓鬼道：欲望が激しく、飢えと渇きが絶えない世界。
　⑥ 地獄道：言葉では表現できないほど苦しい世界。

六道のうち、仏に成ることができるのは、楽しみ半分・苦しみ半分の人間界だけといわれます。それは、地獄・餓鬼・畜生・修羅は苦しみばかりで、悟りを求める心の余裕がなく、天界は、いずれ死を迎え、別の世界へと生まれ変わるものの、楽しみが多すぎて、苦しみから逃れたいと思う気持ちが起きないからとされています。

　この六道については、どこか遠くにある世界との理解もできますが、悲惨な事故などが起きると、地獄の有様だといい、激しい戦闘の場を修羅場と表現するように、この世界における境涯の違いを教えたものとも解釈されます。

第4項　輪廻の過程「十二因縁」

　私たちが、現象世界を輪廻する様子について、釈尊は、過去世・現在世・未来世に分け、12因縁（無明(むみょう)、行(ぎょう)、識、名色(みょうしき)、六入(ろくにゅう)、触(そく)、受、愛、取、有、生、老・死(し)）と説いています。

第7章　仏教の根本原理「因果の道理」

　12因縁について、研究者により理解の仕方が異なり、様々な解説がなされています。
　本書では、『倶舎論(くしゃろん)』を中心に、胎生学(たいせいがく)的な要素を加味し、私たちが、悪をなし、過去世から現在世〔現世〕、さらに未来世〔来世〕へと輪廻し続ける過程としてみていきます。

　１．無明（過去世の因）
　過去世において「無明」であった段階。「無明」は、智慧(ちえ)がなく、「因果の道理」を信じることができない根本的な無知を意味します。
　智慧がなく「因果の道理」を信じられないということは、あたかも、暗闇の中にいる人が、灯火(ともしび)を持たないようなものです。周囲の状態を正しく知ることがでずに、迷います。出口さえ見つけることはできません。

　２．行（過去世の因）
　ここでの「行」は行為を意味します。過去世において、無明であるが故に、煩悩に絡まれ、道理に反する行為をなし、現在世において果を生じる因を造った段階。

　３．識（現世の果）
「識」は、認識作用・主観を意味します。過去世の「無明」と「行」とが「因」となり、自分にふさわしい親を「縁」と

して、現世、母親の胎内に宿った瞬間。
　この時、すでに感覚・知覚の認識主体である六識〔眼識・耳識・鼻識・舌識・身識・意識〕が備わっています。

　４．名色（現世の果）
　受精後４週間ほど、胎児が精神的にも、肉体的にも発育する段階。まだ肉の固まりのような状態です。母胎にて「名」〔心・精神的なもの〕と「色」〔身・物質的なもの〕が表れ、眼〔眼球〕・耳〔耳殻・鼓膜〕・鼻〔鼻梁・鼻孔〕・舌・身〔皮膚〕・意〔精神的なもの〕が形成され始めます。

　５．六入（現世の果）
「入」とは、感覚器官です。外界の刺激である六塵〔見えるもの、聞こえるもの、嗅げるもの、味わえるもの、触れられるもの、知覚できるもの〕がこの身に入って来る通路をいいます。
　胎児に眼〔視覚〕・耳〔聴覚〕・鼻〔嗅覚〕・舌〔味覚〕・身〔触覚〕・意〔知覚〕の六根が完全に揃い、出胎を待つ段階。

　６．触（現世の果）
「触」とは、六つの感覚器官に、それぞれの対象が触れて、心に感じることを意味します。出胎後間もない、新生児の頃で、純粋で汚れもないため、外界との接触により、熱い、痛

第7章 仏教の根本原理「因果の道理」

いなど六塵〔色・声・香・味・触・法〕を感じますが、苦楽、好き嫌いなどの分別がない知覚的な段階。

7．受（現世の果）
「受(じゅ)」は、外界の刺激を感じて受け入れることを意味します。乳児期にあたり、外界に対し、おぼろげながら、好き嫌いは感じますが、目に見えるものを手に取ることはしても、まだ執着心を持たない感覚的な段階。

8．愛（来世への因）
「愛」は渇愛(かつあい)〔激しい欲求〕をいいます。幼児期にあたり、外界に対して次第に憎悪や愛欲を起こし、好みのものを欲しがり、自分のものだという独占欲がついてくる感情的な段階。

9．取（来世への因）
「取(しゅ)」は、渇愛が具体化しもので、欲しいものは奪い取り、憎むものは排除しようとする行為を意味します。

　学童期になると、生活の場が、家庭から学校へと広がります。刺激を受ける機会も増え、愛欲・憎悪の念がますます高まります。食欲・物欲などの欲望が盛んになり、嫌いなものは退けて好きなものや愛するものを独占しようとする段階。

10. 有（来世への因）

「有」とは存在のことです。現世、私たちは存在し、それにより未来の因（業）を造っています。

　学童期を過ぎて死ぬまでの間、煩悩は熾烈を極め、諸々の悪を為し、未来世に報うべき「因」を造る段階。

11. 生（来世の果）

　愛・取・有での行為が「因」となり、男・女、賢・愚、美・醜、貧・富など様々な差を具えて、未来世において、母親の胎内に宿り、生まれてくる段階。

12. 老・死（来世の果）

　生まれると、いずれ老死を迎えます。

　次ページの図1のように、私たちは、智慧がないために「因果の道理」を信じることができずに迷い、悪を為し、苦しみ、それ故に苦しみ、苦しむが故にさらに迷い、悪を為し、さらに苦しむといったように、無始より今まで車輪のごとく廻りつづけてきました。

　このように、因果関係は、遠い過去から現在、そして来世、さらには遥か時の彼方へと果てしなく繋がっています。この循環を超越しない限り、果てしなく回転し続けます。

　したがって、「死んだら終わり、今が楽しければ、それで良い」「バレなければ、何をしても良い」とはなりません。

第7章　仏教の根本原理「因果の道理」

図1　12因縁　『倶舎論』をもとに作成

■第3節　業

第1項　業の種類

何故、善人が苦しむのか。

これは、様々な宗教が、永い間、探求している課題です。

キリスト教やイスラム教のような一神教では、それぞれに起きることを、神の摂理に照らし、「神の思し召し」として受け入れようとします。

仏教では、「因果の道理」を根本として、因・縁・果を三

世にわたり、「業(ごう)」として解き明かしています。

「因果の道理」こそ、仏教が説き明かした真理であり、キリスト教やイスラム教との大きな違いとなっています。

「業」の意味としては、派生的に「なすこと」「なす力」「行為の余力」「果報を生じる因」などがありますが、「行為」が基本です。

「行為」とは、何らかの意識を持った行動です。無意識なものや反射的なもの、本能的なものは含まれません。

「行為」が意識を備えていることから、善を持つのか、悪を持つのか、あるいは善悪に関係がないかによって、「業」は、次の三つに分けられます。

① 善性で楽果を招くもの。
② 悪性で苦果を招くもの。
③ 善とも悪とも見分けのつかぬ無記性のもの。

さらに、「行為」の種類によって、「業」は、次の三つに分けられます。

① 身業(しんごう)：身体的行為で、歩く、走る、食べる、聞く、見るなどの動作・振る舞いをいいます。
② 口業(くごう)：語業ともいい、言語的行為で、しゃべる、ささやく、怒鳴るなどをいいます。
③ 意業(いごう)：思業ともいい、思考的行為で、心で思うことをいいます。

この三つのうち、中心となるのは意業です。

一般的に、悪事を思いついただけでは、罪にはなりません。しかし、思うことも一つの行為ですから、悪業となります。

意による悪業の代表が三毒の煩悩、貪欲、瞋恚、愚痴です。
また、「業」は、その行為が個人によるものか、集団かで、
① 不共業：自分一人で行ったもの
② 共　業：他人と共同して行ったもの
とに、分けられます。

家族・企業・社会・国家・自然環境など世界的に共通する果は、苦楽ともに共業によるものであり、一人の個人が単独で受ける果は、不共業による果ということになります。

例えば、この世界の成り立ちを考えてみると、キリスト教では、天地創造の主体として神をたてますが、仏教では、有情〔一切の生き物〕の共業と考えることになります。

第2項　「果」が生じる時間差

因となる行為を行ってから果が生じるまでに時間差があります。生を隔てて結果が生じることさえあります。

『優婆塞戒経』には、「四種業報」として説かれています。
① 順　現　業：現在世において蒔いた因の報い（果）を、現在世で受ける業。
② 順　次　業：次の世で受ける業。
③ 順　後　業：二生三生の後に受ける業。
④ 順 不 定 業：いつ果報を受けるか不明な業。

私たちの行為は、その場で完結するのではありません。潜在的な余力を残し、私たちの心の奥底にある阿頼耶識(あらやしき)に蓄えられ、いずれ、未来のどこかで、「果」を生じます。すぐに現れるものもあれば、時間のかかるものもあります。
　このように善業であれ、悪業であれ、また、共業であれ、不共業であれ、いったん行為を為すと、結果が出るまでは、途中で消えることはありません。現象世界において存在し続け、時が来て、縁に触れると、必ず結果を生じます。
　つまりは、善なせば安楽という結果が生じ、悪をなせば、苦という結果が生じます。善業と悪業とが相殺されることはなく、楽果は楽果として、苦果は苦果として、それぞれ共に受けることになります。それを逃れることはできません。
　この理を「仏さまはみてござる」諺が教えています。

■第4節　縁

第1項　縁起

　ここまでは、煩雑さを避けるため、「因果の道理」について、時間的関係性を中心に、「因」と「果」だけで、話を進めてきました。しかし、実際には、ものごとは、時間的な関係だけでなく、空間的な関係をもって生じます。
　つまり、「果」は「因」だけで現れてくるのではなく、「縁」と結びつくことよって生じるものです。

第7章　仏教の根本原理「因果の道理」

　「因」は自分の過去の行為（業）であり、「縁」は自分以外からの作用です。同じ「因」であっても、結びつく「縁」によって「果」が変わります。「他のものに縁って起こる」との意味で、「縁起」といいます。
　花を例にとれば、花を咲かせるには、種が必要です。しかし、種だけでは咲くことはなく、土、水、光、肥料といったものが必要となります。しかも、それらにより花の咲き方が変わります。
　このように、ものごとは、自分に「因」があり、そこに自分以外の「縁」とが結びついて、自分に「果」を生じます。それを「自業自得」といい、他人の所為にはできないということです。
　それにも関わらず、自分に不都合なことが起きると、他人の所為にすることがあります。それは、「因」が過去世のことで見えないのに対し、目に見える「縁」の所為、つまり他人の所為だと誤認するのです。その端的な例が親です。
　私たちは、様々な差を持って生まれてきます。その差に不満があると、勝手に腹を立て、怒りの矛先を親に向けます。『仏説父母恩重経』に、

　　父に慈恩あり、母に悲恩あり。
　　そのゆえは、人の此の世に生るるは、
　　　宿業を因として、父母を縁とせり。

とあります。

　私たちは、人間に生まれるだけの「因」があり、そこに両親という「縁」が結びつき、「果」として、この世に生まれることができました。したがって、差が生じた根本的な原因は、すべて自分にあります。

　慈悲心をもって生み育ててくれた両親に、感謝することはあっても、責める筋合いではありません。

　また、「親の因果が子に報う」といいますが、「自業自得」ですから、「因果の道理」の誤用か、勘違いであって、それはありえません。

　いずれにせよ、私たちには、過去にどんな「因」を作ったかは、わかりません。たとえ、どれほど悪い「因」があったとしても、悪い「縁」と結びつかなければ、酷いことにはなりません。逆に、どれほど善い「因」があっても、善い「縁」と結びつかないと、楽果が生じることはありません。因が如何にあろうとも、善縁に及くものはないことは明らかです。

　それ故に、如何なる環境に身を置き、どのような人と付き合うのか、今の自分で決定できる「縁」については、慎重に選ぶべきでありましょう。

第2項　お陰様

　この現象世界は、因と縁が結びつき果を生じ、それが連続的に、かつ複雑に絡みあうことで成り立っています。

第7章 仏教の根本原理「因果の道理」

　しかも、「全即一、一即全」あるいは「個即全、全即個」といって、天地万物（全）が私たち（個）に影響を与えているだけでなく、私たちも天地万物に影響を与えています。
　したがって、この世界において、他との相互依存関係なしに、単独で成立するものは何一つありません。
　すべては「持ちつ持たれつ」です。
　どこかで自分を支えているものへの感謝を表した言葉が「お蔭様」です。
　しかしながら、してもらっていることが当たり前だと思ってしまうと、感謝の念はわいてくるものではありません。
　『宝積経』には、

　　知恩報恩の者、人中の珍宝となす。

と説かれています。
　お陰様に気づくことは、人として大切なことであり、仏道の基本ということです。
　子供のころから、「いただきます」「ごちそうさま」と、生き物や調理に携わった人への感謝の念を表し、また、仏壇に向かい合掌し、仏様や先祖に感謝の祈りを捧げ、暮らしの中で、お陰様の心を育んできたのが、日本人です。

第8章　仏教の根本理念「三法印」

■第1節　四大

　仏教は、大宇宙の極大の空間から極微の極小の世界までを、説き明かしています。

　たとえば、宇宙について、『無量寿経(むりょうじゅきょう)』では、空間的な無辺性を無量光(むりょうこう)（アミターバ Amitābha）、時間的な無限性を無量寿（アミターユス Amitāyus）とし、両者の徳をもつ故に、阿弥陀と名づけられたと説かれています。

　阿弥陀仏の大きさについては、『観無量寿経』に、「六十万億那由他恒河沙由旬(なゆたごうがしゃゆじゅん)」、つまり、60万億（六十万億）×10^{60}（那由多）×10^{52}（恒河沙）×7 km（由旬）と示されています。

　その他、大宇宙を明らかにするため、『経典』では多くの数が使われていますが、それを明の数学者程大位(ていだいい)は、『新編直指算法統宗(ちょくしさんぽうとうそう)(しんぺん)』（以下『算法統宗』）において、

　　一、十、百、千、万、億、兆、京(けい)、垓(がい)、秭(じょ)、穣(じょう)、溝(こう)、澗(かん)、正(せい)、載(さい)、極(ごく)、恒河沙、阿僧祇(あそうぎ)、那由他、不可思議、無量大数（10^{68}）

と、整理して示しています。

　これ以外でも、『華厳経』「阿僧祇品(あそうぎほん)」では、

洛叉（10^5）、俱胝（10^7）、阿多（10^{14}）、…（中略）…
不可説不可説転（$10^{37218383881977644441306597687849648128}$）

と、巨大な数が列挙されています。

　極微の世界を明らかにするためにも、様々な数が示されますが、小数点以下の数字について、『算法統宗』では、

割、分、厘、毛、糸、忽、微、繊、沙、塵、埃、渺、漠、模糊、逡巡、須臾、瞬息、弾指、刹那、六徳、虚空、清浄（10^{-21}）

と、整理されています。

　さらには、『俱舎論』において、極小空間について、物質の最小単位を「極微」とし、その性質によって、堅性（地）、湿性（水）、熱性（火）、流動性（風）の四つに分けています。

　私たちの肉体も、この四大が和合したものであり、例えば、骨、歯、筋肉などは堅性が、血液、リンパ液、組織液などは湿性が、体温などの発熱は熱性が、呼吸や代謝は流動性が強く作用したものと考えられます。

■第2節　三法印

第1項　諸行無常・諸法無我・涅槃寂静

　私たちの身体だけでなく、現象世界のあらゆる存在は、因と縁の和合により、「地・水・火・風」の四大が結びつき、仮に現れているだけにすぎません。特定の期間、一つの形体を維持した後、縁が尽きれば消散します。それを「諸行無常」といいます。

「諸行無常」を前提にすると、そこから「すべてのものは、因と縁が結びついて仮に現れているだけで、永久不変な、個別の実体はない」という理が導き出されます。それを、「空」と言い表します。

　この理を、地を方形、水を球形、火を三角形、風を半月形、空を宝珠形にして、石を積み重ねて表現したのが五輪塔です。

　すべては「空」ですから、「我」（自分）という「永久不変の固定した実体」はなく、しかも、「全即一、一即全」ですから、特定の個物（一つ一つの事物）さえありません。

　それを「諸法無我」といいます。

　それにも関わらず、私たちは、自分自身について、永久に変化することのない「我」という特定の霊魂のようなものがあり、それが形を変え輪廻し続けるように錯覚しています。

　そして、それを自分だと思い込み、執着し、煩悩の炎を燃やして苦しみます。

第8章　仏教の根本理念「三法印」

「我」があるという偏見を無くし、貪欲の渇きを静め、瞋恚の炎を鎮め、愚痴の迷いを寂め、真の安らぎを得た境地を「涅槃寂静」といいます。仏教の説く「理想の境地」であり、釈尊の悟の境地です。

　これら「諸行無常」「諸法無我」「涅槃寂静」を「三法印」といい、不変の真理を表したものです。他の宗教との大きな違いであり、仏教を特徴づける象徴となっています。

第2項　いろは歌

「三法印」をわかりやすく表現したのが「いろは歌」です。

　　いろはにほへと　ちりぬるを（色は匂へど　散りぬるを）
　　わかよたれそ　　つねならむ（我が世誰ぞ　常ならぬ）
　　うゐのおくやま　けふこえて（有為の奥山　今日越えて）
　　あさきゆめみし　ゑひもせす（浅き夢見じ　酔ひもせず）
　　ん　　　　　　　　　　　＊ゐ＝い、ゑ＝え

現代語に訳すと、次のようになります。

　　この現象世界にあるものは、因縁でつくられており、常に移り変わり、無常なもので、固定した実体はありません。
　　生じては滅びるものであり、それを繰り返しています。

それらを減ぼし、移り変わりがなくなり、それらを寂(しず)めたところに、苦縛(くばく)から離れ、有為(うい)〔因縁によってつくられた世界〕を超えた安楽の世界が開けます。

この元となったのが『涅槃経(ねはんきょう)』にある、「諸行無常(しょぎょうむじょう) 是(ぜ)生滅法(しょうめっぽう) 生滅滅已(しょうめつめつい) 寂滅為楽(じゃくめついらく)」です。

明治時代に五十音が使用されるようになるまで、仮名(かな)を覚えるのに使われ、皆が諳(そら)んじていました。

このように、いろは歌は、何気ない形で、迷いから悟りへと導く仏教の本質を伝え、日本文化の基礎となり、日本人の心を育んできました。

第3項　情けは人の為ならず

現象世界のあらゆる存在は、因と縁の仮和合により、「地・水・火・風」の四大が形を変えて現れ、特定の期間、一つの形を維持した後、縁が尽きると、消散します。

それを、慈円(じえん)(天台宗の僧侶)が、

搔(か)き寄(よ)せて結べば　柴(しば)の庵(あん)なり
解(と)くれば　もとの野原なりけり

と歌で表しています。

野原の柴を集めて作った、粗末な草ぶきの小屋も、それを

解くと、野原に戻り庵があった痕跡はなくなってしまいます。

　たとえば、私たちの身体を構成している四大は、死によって私たちから離れ、巡り巡って他の動物や植物の一部となります。また、私たちを構成していた四大も、かつては他の動植物の一部を構成していたものです。

　このように、この現象世界に存在するものはすべて、因と縁が結びつき、それが連綿と連鎖していきます。しかも、一つ一つが関連し合い、それぞれが重要な役目を担い、調和を保ちつつ循環していきます。したがって、何一つとして不要なもの、無駄なものなどありません。

　　情けは人の為ならず、巡り巡って己がため

の諺は、この理を表したものです。

第9章　仏教的世界観と科学的世界観

■第1節　発想の転換の必要性

第1項　古き信を去れ

　この現象世界は、「因果の道理」に貫かれ、無常なものですから、「我(われ)」という存在はありません。それが実相であるにもかかわらず、私たちは、誤った先入観や、勝手な思い込みがあり、正しくものを見ていません。

　例えば、自分という存在について考えてみると、まず、自分と世界に分け、まず、世界があって、そこに自分が生まれ、自分が死ねば、自分は消えて世界が残ると思っています。しかも、自分なるものは、何か、特定の霊魂のようなものであり、死ねば、それが形を変え、別の何かに生まれ変わるように錯覚しています。

　しかし、仏教では、永久不滅の「我」という存在はなく、「心」が世界を作り出し、自分が死ねば、自分も世界も無くなると教えます。

　このように、この世界は私たちの「心」が作り出した影の如きものであり、自分が生まれてこなければ、家族も、友人も、会社も、社会も、国もなく、この世界さえありません。

　それを『華厳経(けごんきょう)』では、

第9章　仏教的世界観と科学的世界観

　　心は 巧(たく)みなる画師(えし)の如く、種種の五蘊(ごうん)を画(えが)き、
　　一切世界の中に、法として造らざるもの無し。

　現代語では、

　　心は、巧みな絵師のようなものであって、
　　種々の五蘊〔色・受・想・行・識。人を構成する五要素〕
　　をつくり、一切の世界においてあらゆるものを造り出す。

と説いています。
　このように、私たちが自分の中で勝手に作り上げてきた世界観と、仏教の説く世界観とでは違いますから、釈尊の教えを理解しようとするのであれば、まずは、今までの発想やものの捉え方を大きく変える必要があります。
　その心構えについて、『阿含経(あごんきょう)』には、

　　見よ、甘露(かんろ)の門はひらかれたり
　　耳ある者は聞け、古き信を去れ。

とあります。
　釈尊が、初めて「真理」を説く際に告げたもので、自分の考えや価値観が正しいものと思い込み信じている私たちに、「真理」へ向かうために、余計な思い込みや先入観などの「古

き信」を捨て去るよう知らしめたものです。

第2項　自覚の宗教

釈尊自身も、最初は、「真理」を自分の外に見つけようとしていました。それが6年間の苦行です。

しかし、それが間違いであることに気づき、発想を大きく転換し、苦行を捨て、菩提樹(ぼだいじゅ)の下に場所を移しました。

静かに自分自身を直視し、自分の心身が宇宙の中心であり、「真理」そのものであることを悟り、自ら「目覚めた人」、即ち、「仏」と成ったのです。

このように、「仏に成る」とは、自らが真理そのものであり、大宇宙と一体であることに目覚めることをいいます。

この点について『涅槃経(ねはんぎょう)』に、

　　一切衆生(いっさいしゅじょう)　悉有仏性(しつうぶっしょう)
　　（生きとし生けるものは、悉(ことごと)く、仏の本性を具(そな)えている）

と看破しています。全ての存在は、仏〔真理〕の顕現ということです。

それ故、仏教は「自覚の宗教」とも呼ばれます。

それにも関わらず、私たちは、自分に執着し、心を汚染し、自他差別の世界を発現し、彷徨(さまよ)い、勝手に苦しんでいます。

このように、私たちが見ている現象世界は、私たちの心の

119

影のようなもので、自分が悪ければ、「苦しみの世界」が現れ、自分が善くなれば「安らぎの世界」が出現します。怒り憎しみの心であれば、争いやまぬ修羅の世界や、怒り渦巻く地獄の世界が、慈悲の心であれば、心安らぐ極楽世界が顕現する、というが如くです。すべては、「心」次第です。

第3項　心・識

「心」について、哲学、医学、心理学などの分野において、解明を試みてきましたが、21世紀になっても明確な答えが出ていないように思います。

例えば、科学的に「心」を探究する際には、まず肉体と心に分け、別々のものとして分析していきます。肉体は、両親によってできたものであり、「心」は、肉体のメカニズムによって、脳か、心臓に自然発生的に出来るものと考えます。

しかし、仏教では、心身は分けることのできない、一つのものの両面に過ぎないと考えます。

それを「識(しき)」といいます。「識」は、識別のはたらきをいい、八つに分けて考えます。

表層の部分には眼識(げんしき)・耳識(にしき)・鼻識(びしき)・舌識(ぜっしき)・身識(しんしき)と呼ばれる五感があります。ものを認識する際には、この五識を駆使します。五識によって得られた情報を記憶し、思考するのが第六識の意識です。意識が明瞭でないと、視力や聴力が勝れていても、「うわの空」といって、見ることも聴き取ることも

できません。

　意識の奥にあるのが、第七識の末那識(まなしき)という潜在意識です。ただひたすらに自分のみに執着する心です。

　さらに、その奥に、「命の根源」、第八識の阿頼耶識(あらやしき)があります。阿頼耶は"Alaya"という梵語の音訳で、「蔵(ぞう)する」〔たくわえる〕の意味を持つことから、蔵識(ぞうしき)ともいわれます。

　ここに善悪の業が蓄積されていて、縁と結びつくと、その果として苦楽を生じます。このように表現すると、何か実体的なものをイメージしますが、作用を表現しているだけであって、その本性は、「空(くう)」であり、固定的実体はありません。

　このような「識」が、この世界のイメージを作り出し、そのイメージが実体的に存在しているかの如くに、私たちに錯覚させています。しかし、それは、「私という現象」であり、固定的実体として存在するものではありません。

　これは、仏教のみが解き明かした「真理」であり、科学的な発想やものの捉え方とは、根本的に異なります。

■第2節　科学の思考方法「二元論」

第1項　科学とは

　科学とは、観察や実験など経験的手続きによって実証された法則的・体系的知識をいいます。

　その基本的な思考原理は、「因果律」にあります。

第9章　仏教的世界観と科学的世界観

『広辞苑』では、「因果律とは、一切のものは原因があって生じ、原因がなくて何も生じないという原理」と定義されています。

それは、また、同じ条件の下では、常に、同じ現象が起こるという法則でもあります。

そのため、科学では、

① **実証性**：問題に対する仮説が観察・実験等により検討できる。
② **再現性**：観察・実験等の条件を同一にすれば、同じ結果が得られる。
③ **客観性**：導き出された結論が、事実に基づき客観的真理と認められる。

のあるものが対象となります。

これらの条件に適合しないものは、基本的に、研究の対象とはなりえず、科学の限界を作り出しています。

これ以外にも、科学の限界をなす要因がありますが、ここでは、再現性、細分と綜合、二元論の問題をみていきます。

第2項　再現性

再現性とは、当該研究者以外の者が、方法、条件、観察などの条件を同一にして実験した時、同じ結果が得られることを意味します。同じ結果となれば、その研究の正しさが立証できたこととなります。

しかし、事象の多くは、一度だけ発生するものであり、全く同じことを再現することは困難です。そこで、当該現象とできるだけ同じような条件のものを選び、統計的手法を用いてデータを数多く収集して分析し、その結果から全体としての傾向を見ることで、再現性を担保しています。

結果が同一とはならなくても、類似ないし近似値をとることが求められます。

したがって、科学的に「正しい」となったとしても、「絶対的に正しいこと」ではなく、「再現性が高いこと」を意味することになります。

第3項　細分と綜合

科学の特徴の一つに、ものごとを細分化し、細かく見ていく点があげられます。現実に生じる問題は、あまりにも複雑であり、容易に、その実体を捉えることができません。

そこで、便宜的に問題を細分化し、個々に研究し、最終的に各要素を綜合します。このような分業化により、様々な英知を結集することができるようになり、科学は急速な発展を遂げました。

しかし、連続するまとまった一つの現象を、人間の頭の中で各要素に分けて考えることから、人間的要素が混入することになります。また、細分化した各要素を綜合し、それが全体の現象となることを仮定していますが、要素の綜合が全体

となるかはわかりません。

第4項　二元論

　人間には、知性のはたらきがあり、ものごとを二つに分け、対立的にみる傾向があります。科学も、その延長線上にあります。もともと一体である森羅万象〔この世界に存在するすべての事物や現象〕を、「物」〔客観・物質世界・目に見える世界〕と「心」〔主観・精神世界・目に見えない世界〕とに分け、「物」だけを対象として研究を進めてきました。

　その根底をなす思考方法が、「近世哲学の祖」と呼ばれるデカルトが提唱した「二元論」です。

　「二元論」とは、森羅万象を、相互に独立し、還元し得ない二つの根本原理によって説明します。多くの宗教も、二元論に基づいています。神と自分とを分けて考えます。

　科学では、「物」と「心」を分ける「物心二元論」と、「主観」と「客観」とを分ける「主客二元論」をもって基本的な思考方法としています。

　「物心二元論」では、肉体と心、つまり、物質・モノと精神・心は別物と考えます。「物質」は、大きさがあり、数値化できるものです。科学の対象としました。「精神」は、哲学と神学で扱うべき問題として、科学の対象から外しました。

　「主客二元論」においては、あらゆるものごとを、主観・自分と、客観・自分以外のものの二つに分け、自分以外の客観

世界から「真理」を見いだそうとします。

　主観を排除し、客観性を追求することによって、価値や尺度を統一することができました。情報の共有化が進み、同じ問題について多くの人々が取り組めるようになり、科学は目覚ましい発展を遂げました。

　しかし、「主客二元論」もとでは、主観・自分と、客観・自分以外とが分離されることとなります。そこから両者が対峙する構図が作り出されました。それに加えて、私たちは、自らを是として正当化し、他を非として不当と見なす性質を有することから、独善的で、排他的な思考に陥りました。

　その結果、自分と自分以外、自分の宗教と他宗教、自分の民族と他民族、自国と他国、人間と自然などの鋭い対立が生み出され、時を経て、その対立は深く苛烈になっています。

第5項　科学の限界

「物」と「心」、「主観」と「客観」を二元的に考えることにより、次の点は、科学の対象から外れることになりました。

1. 幸福

「幸福」は、心の問題であり、主観的な問題です。同じことでも、幸せと感じる人もいれば、感じない人もいます。

　科学は、客観的に観測できる物質のみを対象としているため、幸不幸などの「客観的な観察」ができない心の問題は、

科学の対象にはなりません。

2．人と生まれた目的
　科学では、ものごとが「どうあるのか」を分析し、「どうあるべきか」は対象外となります。したがって、「自分はどう生きるべきか」も、「自分が何のために生まれてきたか」も解明することはできません。

3．真の自分
　科学的に自分を分析しようとする場合、見るもの（主観）と、見られるもの（客観）ができます。主客分化する前が本来の自分とすれば、真の自分を捉えることはできません。

4．科学の使用目的
　科学は、目的達成のための手段を提供することはできます。しかし、科学を使うべき目的をどこに置くべきかについては、使う側の主観に依存する問題であり、価値観によって決まります。科学それ自体で決定はできません。

5．不変的真理
　科学の対象とする客観世界は、変化し続ける無常の世界です。その中から、変化することのない恒久不変な「真理」を求めても、見つかる道理はありません。

■第3節　仏教の思考方法「一元論」

第1項　一元論

　私たちは、物と心、主観と客観、自分と自分以外などに分けて捉えていますが、それらは、本来、分けることのできない一つのもの、つまり、「一如（いちにょ）」です。

　このように、森羅万象の本質を二つに分けることなく、根本はすべて同じ一つのものとして捉えるのが、「一元論」です。

　仏教の基本となる思考方法です。

　それを『華厳経』では「一即全・全即一」、中国の肇法師（じょう）（384～414年）は、『肇論』に「天地与我同根　万物与我一体」（天地と我と同根、万物と我一体）と著しました。

　この世界にあるものは、何一つとして独立して存在するものはありません。自分も宇宙のすべてのものは、本来は一つのものであり、それが仮に分かれて、互いに持ちつ持たれつの関係、即ち、相関性・相依性をもって成り立っています。

　例えば「表」という概念は、「裏」という概念に依存しており、「有」という概念も「無」という概念があって成り立ちます。主客、前後、上下、内外、生死、出入、明暗、真偽、正邪、浄穢などは対立する概念であり、一方が他方、また他方が一方を支える関係で成り立ち、片方だけでは成立しません。

　ところが、二元論では、一つのものを二つに分けてみて、

127

第9章　仏教的世界観と科学的世界観

主観・心を捨て、客観・物だけを対象とします。しかし、それは分別心が生みだした虚構にすぎません。

　すべては分けることはできない、一つのもの、「一如」です。「一」とは数量を意味するものではなく、「不二」のことです。区別や対立がなく一つのものであることを意味します。「如」とは、「あるがまま」「そのような」「ごとし」の意味を持ち、仏教用語としては、「人間の思慮分別を超えた、もののありのままのすがた」「真理」をいいます。

　森羅万象は、異なる現れ方をしていますが、そのありのままの姿は、時間的にも、空間的にも分かれていない一つのものです。

　それが「一如」です。「ものごとの本質」であることから「法性」とも、「真のすがた」であることから「真如」とも、「実相」ともいいます。釈尊が悟った境地です。

　釈尊も、当初は、自分と世界とを分け、自分の外に答えを求めていました。それが、6年間の苦行です。しかし、それが間違いであることを覚り、苦行を捨て、菩提樹の下にて、自分自身を見つめ、求める答えを見出しました。

　つまり、自分と自分以外に分けることができないという自覚(智慧)と、それ故に、自分を大切にするのと同じように、自分以外にみえる他をも大切にしたいとの強い念い(慈悲)に目覚めて、仏と成ったのです。

128

第２項　あるがままに見よ

　私たちには、一つのものの両面に過ぎないものを、勝手に二つに分けて、二元的にみています。
「一如」。それが「真理」であり、「あるがままの姿」なのですが、それを把握しようとしても、私たちには、容易できるものではありません。科学的に分析しようとしても、二元論を前提とする科学の及ぶところではありません。
　日本仏教の祖、聖徳太子の伝記『上宮 聖 徳法王帝説』に、聖徳太子の言葉として「世間虚仮 唯仏是真」（世間は虚仮にして、ただ仏のみこれ真なり）が伝えられています。
　現象世界は、仮のものであり、求めても虚しいものであって、「仏」つまり「一如」の世界こそが、真ということです。
　しかし、「一如」の世界は、不可思議〔考えも及ばないこと〕であり、何かの形や言葉をもって簡単に表現できるものではありません。
　しかも、私たちは、思慮分別により、二つに分け捉えてしまうところがありますから、「一如」の世界を感得するには、思慮分別以外の働きが必要となります。
　それ故に、釈尊をはじめ、各上人は、私たちに「一如」の世界を知らしめんがために、様々な手立てを駆使しました。
　たとえば、本来、実体のないものを、二元論に基づき、個別の存在があると仮定し、因・縁・果の関係を示したのも、私たちを「一如」の世界に導くための一つの方法でした。

第10章　自然法爾

■第1節　自然

第1項　「しぜん」と「じねん」

「一如(いちにょ)」の世界に導く手掛かりの一つに「自然法爾(じねんほうに)」があります。

「自然法爾」の「自然」は、一般的に「しぜん」（漢音）と読み、動植物、山川草木や雨や風などの、人間の手の加わらない天地万物、人間を取り巻く外的な環境を指します。

しかし、元々は、「じねん」（呉音）と読み、仏教の世界観である「あるがまま。おのずからそうあること」を意味していました。

「じねん」が「しぜん」へと転じた経緯は、明治時代に入ってきた英語の"nature"を翻訳する際に、「人の手が加わらない」との意味から「自然」をあて「しぜん」と訓じ、先の意味で使われるようになりました。

しかし、「しぜん」(nature)が西洋思想の二元論に根ざし、「人間と対峙(たいじ)する外的環境」を表わすのに対し、「じねん」は、一元論に根ざします。

第2項　西洋的自然観

今、私たちが「しぜん」と使う場合、人間に対峙しながら

第 1 節　自然

も、人間が制御できるもの、すべきものとの意味が含まれています。

　それは、『旧約聖書』「創世記」の冒頭にある、

　　産めよ。増えよ。地に満ちよ。地を従わせよ。
　　海の魚と空の鳥と地に動くすべての生物を治めよ。

に由来するといわれます。

　人間も自然も神の創造した被造物ですが、人間は、神に似せて造られていることから、他の被造物よりも上位に位置し、他の被造物を自由に使用する許可を得たと考えます。

　そのため、人間は、自然を利用対象と見なし、対峙し、思い通りに制御しようとしてきました。

　例えば、利用価値のあるものは、益虫、益獣といって利用し、場合によっては、取りつくしてしまいました。逆に、都合の悪いものは、害虫、害獣といって殺し、絶滅させてきました。また、海浜、河川、湿地などを埋め立て、農地、都市、工場地帯を開発しました。また、自然の脅威から人間の生活を防御しようとして、川の上流には巨大なダム、河川や海岸には堤防、地下に調整池などを作ってきました。

　人間が快適性や便利性を追い求め、自然を造り替えてきた結果、もたらされたものが、生態系の変調や異常気象などの環境問題です。しかも、「100年に一度」の環境変化の前では、

緻密な計算に基づき、膨大(ぼうだい)な予算をかけて建設された人工物も成す術がありません。

第3項　日本的自然観

かつて、日本人は、自然(しぜん)とともにありました。

四季の移り変わりの中で、自然の恵みを感じ、時には、自然を畏怖しながらも、抗うことなく、自然と「調和」することで、穏やかで、心豊かな生活を営んできました。

「対立」と「調和」では、ものの捉え方が違います。

「対立」では、対峙した構図を作り出します。それに加えて、私たちが、自らを是とし、他を非とする性質を有することから、独善的、排他的となり、相手を敵視し、両者の間に溝が生じます。その溝は、一度生じると、簡単に埋められるものではなく、むしろ、それが嵩(こう)じて争いとなります。

「調和」では、一体感が生まれ、心が安らぎます。

例えば、秋の夜、庭の片隅で鈴虫が鳴いた時、自然と対立した心で聞くと、雑音に聞こえ、不快に感じます。あるいは、聞き捨てて、その声に気が付くことさえありません。

逆に、自然と和し一つとなり、静かに、その鳴き声に耳をすませると、美しい鈴の音のごとく聴こえ、もの悲しさとともに、何ともいえぬ、心の安らぎがもたらされ、四季の移り変わりを味わうことができます。

この違いについて、医学博士の角田忠信(つのだただのぶ)氏は、自然音を聞

く時、多くの西洋人は右脳（非言語脳）を使い非言語として聞くのに対し、日本人は左脳（言語脳）を使い、声として聴くと、指摘しています。

このように、日本人は、虫の声だけでなく、鳥のさえずり、風の音、雨の音、川のせせらぎ、砂浜にうちあげる波の音などを心静かに聴き、自然に溶け込み、心を通わせてきました。

さらには、花一輪、木の葉一枚、月の輝き、星のまたたきなど、花鳥風月に自然の恵みを感じ、「お蔭様」などの感謝の心を養い、「和」の心や、「慈しみ」の心を育み、ものごとの真相を心で感じる「直観」を培ってきました。

それが、仏教を信仰する上での下地となったといえるでしょう。

■第2節　自然法爾

第1項　自然法爾

「自然法爾」の「自然」は、元々、仏教用語です。
「じねん」と訓じて「自ら然らしむ」、つまり、「ありのまま」「おのずからそうなる」「おのずからそうなったもの」「人的な作為のない、そのままの在り方」を意味します。
「法爾」は「法がそのまま顕現していること」ですが、転じて、「自然」と同じ「人のはからいをはたらかせないこと」「自然の力がひとりでにはたらくということ」の意味を持ち

ます。
　両者を合わせた語が「自然法爾」であり、「人の力を超えて、本来の姿のままあること」「はからいを捨てて、あるがままに身をまかせること」の意味となります。
　実は、私たちは、知らないうちに、「自然法爾」に則した言葉遣いをしています。
　例えば、「お茶が入りました」「食事ができました」などと使います。お茶が勝手に湯のみに入るはずはなく、本来であれば、自分がなしたことですから、自分を主体として「お茶を入れました」と表現するべきところです。ところが、「お茶が入った」と、目に見えない「何か」が存在し、その作用によってお茶が入ったとの表現をしています。聞いた方も、無意識のうちにそれを了解し、違和感なく受け止めます。
　自己主張を控える日本人の特質でもありますが、「自然法爾」を直覚する感性が働いているものとも考えられます。長い時間を掛けて培われた日本人の情緒であり、日本人の心底に根付いた仏教の一端といえるでしょう。

第2項　西田幾多郎と鈴木大拙
　日本を代表する学者も「自然法爾」について触れています。その一人が日本を代表する哲学者の西田幾多郎博士です。
　『禅の研究』の中で、世界の真の姿を「実在」という言葉を使って表現し、それは「あたま」だけで認識されるのではな

く、「こころ」のはたらきと一つになった時、「真実在」への扉が開かれると示しています。

さらに、西田氏とも親しい友人関係にあり、世界に禅を広げたことで知られる鈴木大拙博士は、『無心ということ』の中で、

> 「自然法爾」の世界は「無心」の世界に他ならず、往生するとは、「無心」の世界にいったん飛び込むということである。

と著しています。さらに、『禅のつれづれ』では、

> 近来といっても、それは今からほとんど百年前に、西洋の文化、西洋の思想が、洪水のように、わが国に流れこんで来たとき、ネーチュアに対する適当な言葉がないので、やたらに古典をさがした結果「自然」を最もしかるべしとして、採用したのである。
> これがわれらをして、東洋的思想の中で最も大切で根本的なものを、忘れ去らしめた事由となったのである。

と、「自然」を "nature" の訳語としたことにより、日本人をして、東洋的思想の中で根本的な、「じねん」を忘れさせたと憂えています。

第10章　自然法爾

第3項　自然法爾と念仏

　仏教における「自然法爾」の重要性について、上人方は様々な方法で伝えています。例えば、「自然法爾」の「法」と「然」を取り、自分の号としたのが、浄土宗開祖の法然上人です。

　その弟子である浄土真宗開祖、親鸞聖人は、『末燈鈔』「自然法爾章」において、阿弥陀仏と結びつけて、

> 「自然」の「自」はおのずからということです。
> 　行者〔人〕のはからいではありません。
> 「然」とは「そのようにさせる」という言葉です。
> 「そのようにさせる」というのは、行者のはからいではなく、如来のお誓いですから、法爾といいます。（中略）
> 　阿弥陀仏というのは、かたちのない「自然」ということを知らせようとする手だてです。
> 　この道理がわかれば、この「自然」について詮索する必要はないのです。

との旨を説いています。

　この現象世界には、三千大千世界を三千大千世界たらしめ、私を私たらしめ、生まれしめ、生かしめ、死なしめ、仏にならしめる、おのずからそうなる力が満ち溢れています。しかし、そのような力は、色や形がなく、目で見ることはもちろん、五感で捉えることはできません。しかも、自分のはから

いが邪魔をして、私たちは気づくことさえありません。
　そこで、「そのようにさせる力」を、衆生にわかるように、「手がかり」として、「阿弥陀仏」を立てました。そして、自己のはからいを捨て阿弥陀仏にまかせるように、「念仏」を示したものと理解できます。

第4項　入我我入と身心脱落
　表現や言葉遣いに多少の違いがありますが、各宗派においても「自然法爾」を説いています。
　空海(くうかい)上人は、『十住心論(じゅうじゅうしんろん)』に、

> この真言の相は一切諸仏の所作(しょさ)にもあらず、他をして作らしむるにもあらず、また随喜(ずいき)したまわず。
> 　何を持っての故に。
> 　この諸法は法としてかくのごとくなるをもっての故に、もしくは諸の如来出現し、もしくはもろもろの如来出でたまわざれども、諸法法爾としてかくのごとく住す。

と記しています。
　現代語にすると、真言(しんごん)の相〔仏に成るための実践方法〕は、如来が作ったものでもなければ、他が作らせたものでもありません。諸法は、もともとあるものです。如来が出現しようとしまいと、あるがままに、「加持力」として存在しています。

したがって、真言宗では、「三密加持」〔口に真言を唱え、手に印を結び、心を整える〕により、入我我入〔仏が我が身に入り、我が仏と一体化〕し、即身成仏を目指します。衆生をして仏にする力「加持力」は、誰が作ったものでもなく、あるがままに、存在していることを教えます。

同趣旨のことを、曹洞宗の道元禅師は、

　ただわが身をも心をも、はなちわすれて、
　仏のいへになげいれて、仏のかたよりおこなわれて、
　これにしたがひもてゆくときちからをもいれず、
　こころをもつひやさずして、生死をはなれ仏となる。
　たれの人か、こころにとどこほるべき。

と『正法眼蔵』「生死の巻」に著しています。

身も心も、すべてをとき放つと、しからしむままに、その身そのままで、仏に成ることができるということです。それを「身心脱落」とも表現しています。

■第3節　自力から他力へ

第1項　自力と他力

「一如」の境地へ至る方法について、様々に説かれていますが、大きく分けると、「自力」と「他力」になります。

第3節　自力から他力へ

「自力」は、迷いの根本の煩悩を、自分の力を頼りに消し去る方法です。しかし、「自力」での成就には、三大阿僧祇劫という無限に近い時間が必要だと説かれています。

しかも、「一如」の境地は、人間の思慮分別を超えた、自力無効の世界ですから、もともと、自力はありえません。

自力を説いたのは、自分の力を信じる私たちに、それを超えたところに答えがあることを知らしめんがため、まず、徹底した自力を勧めたものと推測できます。それは、釈尊が、徹底した苦行をした後、それが無意味であることを覚り、苦行を捨てたことからも明らかです。

西田幾多郎氏は、『禅の研究』の中で、「主客合一」の奥にある「最深の統一」の境地を「神人合一」と名付け、「自力」ではなく、「他力」の力をもってこそ経験することができると示唆しています。その上で、宗教〔仏教〕の真意は、この「神人合一」の意義を獲得するにあると示しています。

第2項　他力の難しさ

自分を信じ、自分を頼りに生きている私たちには、何かにすべてを任せ切ることなど、できるものではありません。「他力」の難しさを詠んだ詩があります。

　　（前略）りくつで
　　つめてをるからわからんそりや
　　　（詰）　（居る）　　　　（解）

第10章　自然法爾

わからんはすよじりき(自力)で太(他)りきを
きいて(聞いて)いるから
わからんはす(答)よ

さらに、

太(他)りきニわ(は)じりき(自力)も太りきも
ありわ(は)せんいちめん(一面)太りき
なむあみ太ぶつ

と記しています。

　これらは、浅原才市氏(1850～1932年)の作品です。
　浅原才市氏は、伊藤忠兵衛(伊藤忠・丸紅の創業者)と同じく、七里和上を師と仰ぎます。信仰を喜び、仏教に関わる膨大な数の詩をのこしたことでも知られています。
　私たちは、仏道についても、自力、他力と二元的に考えてしまいます。しかし、すべては「一如」ですから、本来、自力も他力もありません。それらを超越したところに答えがあると理解すべきと考えます。

第11章　家訓にみられる仏教精神

■第1節　家訓とは

第1項　事業と信仰の継承

　現代の中小企業においても、事業継承は、大きな問題です。

　黒字企業であっても、後継者がいないため、廃業を決断する企業も少なくありません。まして、信仰の継承となると、理屈では割り切れません。たとえ、親子関係でも、対立を生むことさえあります。

　それでも、篤い信仰心を有する創業者にとってみると、事業だけでなく、むしろ信仰のほうが重要と考えます。そのため、子供だけでなく、子々孫々への継承を強く願います。

　たとえば、伊藤忠兵衛は、二代目忠兵衛に『遺訓』（遺言）として、

　　事業や財産の荒廃存滅は更に意とするに足らぬ、理由のある事で仕事を潰しても決して文句は云はぬが、お前は信仰のある家に生まれた、しかも得難い他力安心の家庭に育つた丈に他のすべては失つても本当の念仏の味、難有さ丈は忘れて呉れるな、仕事も生活もすべてそれに乗せて呉れ。

と伝えています。

人にとって大切なものは、事業や財産ではなく、信仰であることを示し、なみなみならぬ覚悟をもって信仰の継承を勧めている姿が見て取れます。

それらを円満に、継承していく方法の一つが「家訓」です。

第2項　家訓とは

「家訓」は、平安時代に、公家が定めたことから始まり、鎌倉時代には、武家へ、江戸時代には商家へと広がりました。

江戸時代、茶屋四郎次郎、紀伊國屋文左衛門、高田屋嘉兵衛などのように、一代で巨万の富を築きながらも、あっという間に、泡沫のように消えていく豪商も多く、創業者の興した商売が三代にわたって続くことは珍しかったといいます。

そのため、成功した商人は、商売に関わる理念や経験則に加え、精神的支柱となる仏教の眼目などを「家訓」とし、子々孫々へと伝えようとしました。

仏教に根ざした家訓のうち、代表的なものが、
① 三方よし
② 陰徳善事
③ 諸悪莫作　衆善奉行
④ 商売は菩薩の業
⑤ 不易流行

です。

■第2節　三方よし

第1項　売り手よし、買い手よし、世間よし

　商家の「家訓」には、勤勉、倹約、正直など、様々なものがありますが、仏教に基づく家訓として代表的なものが、「三方よし」、つまり「売り手よし、買い手よし、世間よし」です。

　近江（おうみ）商人研究の第一人者である小倉栄一郎（おぐらえいいちろう）博士が工夫した表現ですが、商道徳の真髄を端的に表したものであり、近江商人の代名詞ともなっています。

　その原典は、

① 近江の五個荘（ごかしょう）商人、二代目中村治兵衛（なかむらじへえ）(1685～1757年、法名：宗岸)の「宗次郎幼主書置（そうじろう）」（以下「書置」）
② 近江の豊郷（とよさと）商人、伊藤忠兵衛((1842～1903年、伊藤忠・丸紅（まるべに）の創始者）の「座右の銘」

と考えられています。

「書置」の第8条に、

　　たとえ他国へ行商に出かけても、自分が持参した衣類などの商品を、その国の人々が、皆、気分よく着用できるように心掛け、自分のことよりも、まずお客のためを思い、一挙に多額の利益を獲得することを望まず、何事も天道（てんどう）の恵み次第であると謙虚に身を処し、ひたすら行

第11章　家訓にみられる仏教精神

　　商先の人々のことを大切に思って、商売をしなければなりません。
　　そうすれば、「自然の道理」にかない心身ともに健康に暮らすことができるものです。自分の心に悪い心が生じないように、神仏への信心を忘れないようにしなければなりません。
　　地方へ行商に出かけるときは、以上のような心構えが一番大事なこととなります。

との旨が記されています。
　伊藤忠兵衛の「座右の銘」は、

　　商売は菩薩の業、商売道の尊さは、売り買い何れ(いず)をも益し、世の不足をうずめ、御仏の心にかなうもの。

であったと伝えられています（詳細は、P.154「商売は菩薩の業」参照）。
　いずれにせよ、商売の基本は共存共栄にあります。これらの家訓においては、「売り手」と「買い手」に加え、社会貢献を視野に入れた「世間よし」を付していることから、CSR（Corporate Social Responsibility、企業の社会的責任）の先駆けとも考えられています。

第2項　自利利他円満

「三方よし」に類する家訓に、住友の事業精神「自利利他公私一如」などがありますが、いずれの家訓も、その根底には、仏教思想の「自利利他円満」が認められます。

一般的に、「自利利他円満」は、自分にとって善いことは、他人にとっても善いことになる、という意味で理解されています。例えば、私たちには、他人を差し置いて自分が幸せになりたいとの心、「自利」があります。それでは上手くいきません。自分が幸せになれば、それを独り占めしようとせず、分かち合うことにより、すべては円滑に進みます。倫理や道徳でも、「利他」として「相手への思いやり」を教えます。

確かに、「相手への思いやり」は大切なことですが、意識のどこかに、自他は別物との思いがあります。

自他はなく、「一如」であることを自覚して、はじめて、自ずから和し、すべて円満に治まります。

それが仏教の説く「自利利他円満」であり、「三方よし」の極意です。

■第3節　悪莫作　衆善奉行

第1項　松坂屋

仏教において大切なのは教えを知ることではなく、知った教えを行動に移すことです。

第11章　家訓にみられる仏教精神

　それを「家訓」とするのが、松坂屋です。
　東海地区を代表する企業であり、老舗百貨店の一つに数えられています。伊藤財閥の中心となる企業であり、三越を凌いで日本一の売上を誇る時期もありました。
　創業は戦国末期です。創業者の伊藤蘭丸祐道（1563～1615年）は、伊勢松坂の出身で、織田信長の小姓でしたが、本能寺の変で主君を失い、浪人暮らしとなりました。
　慶長16年（1611）、名古屋に城が築かれ、尾張の中心が清州から名古屋に移りました。それを機に武士をやめ、源左衛門と名を改め、名古屋に呉服小間物商伊藤屋を開業しました。
　慶長20年（1615）に大坂夏の陣が起き、源左衛門は、豊臣方に加わりましたが、あえなく討死し、いったん店は閉められました。
　万治２年（1659）、源左衛門の遺児・祐基が二代目を継承し、名古屋に「いとう呉服店」を開店しました。
　二代目は、初代が非業の死を遂げたことに、世の無常を感じていました。縁あって、深く仏教に帰依し、剃髪得度すると、三代目もそれに続きました。その後も、伊藤家には信仰心の篤い当主が続き、仏教が根付いていきました。
　後に、尾張藩の御用達商人となり、商売は繁盛を極めました。1768年に、上野の松坂屋を買収し、江戸に進出を果たしました。明治維新以後、1881年に、伊藤銀行（東海銀行、現三菱USJ）、1936年には名古屋観光ホテルを開業しています。

2010年に、大丸（創業1717年、創業者の下村彦右衛門は、正啓の法名を持つ篤信の仏教徒）と合併し、「株式会社大丸松坂屋百貨店」が発足しました。

第2項　諸悪莫作　衆善奉行

松坂屋が掲げる社是が、「諸悪莫作　衆善奉行」です。
その基となったのが、『法句経』にある「七仏通戒偈」、

　　諸悪莫作　衆善奉行
　　自浄其意　是諸仏教

です。
　過去の七仏が共通して受持し、仏教を総括した教えです。
　現代語訳すると、

　　諸々の悪をなすことなく、諸々の善を行い奉り、
　　自らの心を浄くする。これが諸仏の教えである。

となります。
　ただ、時として、

　　諸々の悪をしてはなりません。諸々の善をしなさい。
　　自らの心を浄くしなさい。これが諸仏の教えである。

第11章 家訓にみられる仏教精神

と、命令文として訳すことがあります。その背後には、見つかると罰が与えられるからとの賞罰論、自分に利益がもたらされるからとの損得論など、自分への執着があります。

仏教は、心の在り方を問題とします。「してはなりません」ではなく、悪事を行おうとしても、「決してできない」であり、「しなさい」ではなく、「善いことをせざるをえない」が本旨です。高い宗教性に基づく、やむにやまれぬ思いが求められます。

さらに、「善」については、一般的に、法律、慣習などの外的な規則を守ること、倫理観や道徳観など内的な人間性に準じること、神の意志に従うこと、自分や他人を幸福にすることなどをいいます。「悪」は、その逆のことをいいます。

仏教の説く「善」は真理にかなった行為をいい、「悪」は真理に反する行為をいいます。

前者が、個々の感性、国や時代の状況、教義や解釈などによって変わる相対的なものであるのに対し、後者は、絶対的なものとなります。

「心を浄く」とは、「真理」に通じる心であり、心の穢れとなる「我執」〔自分への執着〕のない心をいいます。

私たちは、我〔自分〕と自分以外とに分け、我という「永遠に存在する実体」があると思い込み固執し、煩悩の炎を燃やし、それ故に苦しみます。

第3節　悪莫作　衆善奉行

　しかし、実際は、諸行無常・諸法無我・涅槃寂静(ねはんじゃくじょう)ですから、「我」は無く、因と縁が結びつき、仮に現れているだけにすぎません。そのような我執から離れること、つまり、自他を分けることのない「一如」の境地が、「心を浄く」です。
　心が煩悩などで穢れていると、鏡が曇るがごとく、ものごとは、正しく映りません。心が浄くなれば、ものごとがありのままに観え、自ずと何をなすべきか、何をなさざるべきかがわかります。そのような判断にもとづいて行動することにより、おのずからそうなっていくものと考えられます。
　同趣旨のことを、1918年に松下電器産業(現パナソニック)を創業し、世界的企業に育て上げ、経営の神様と称された、松下幸之助(まつしたこうのすけ)氏は、次のように明らかにしています。

　　宇宙には森羅万象を創造し、日々動かしている宇宙根源の力というものがあり、それは、「自然の理法」として宇宙に存在するすべてのものにあまねく働き、宇宙全体を生成発展させている。
　　この宇宙根源の力に通じる心、自然の理法に従う心は「素直な心」(物事をありのままに見ようとする心)であり、素直な心になれば、物事の「実相」が見え、それに基づいて、何をなすべきか、何をなさざるべきかがわかる。経営というのは、「天地自然の理」に従い、世間、大衆の声を聞き、社内の衆知を集めて、なすべきことを行なっ

ていけば、必ず成功するものである。その意味では必ずしもむずかしいことではない。しかし、そういうことができるためには、経営者に「素直な心」がなくてはならない。

(パナソニックホールディングス株式会社ホームページ参照)

用語や表現は異なりますが、仏教の要諦から経営の真髄を明らかにしています。

第3項　実践の難しさ

言うまでもなく、どれほど尊い教えであっても、実践しなければ、何にもなりません。仏教では、それを強く訴えます。
禅宗史書『景徳伝燈録(けいとくでんとうろく)』に、次のような逸話が伝えられています。

> 唐時代を代表する詩人、白居易(はくきょい)(白楽天(はくらくてん))の話です。
> 白居易が、仏教の真髄(しんずい)を求め、当時、非常に有名であった道林禅師に尋ねました。
> 禅師は、俗界を嫌い、高い木の上に住んでいました。
> 木の上の禅師を見た白居易は、驚き、「禅師、危ない」と、思わず叫びました。すると、
> 「お前の方が、危ない。わしは落ちても、地面の上だが、お前は、落ちると地獄まで堕ちる」

と言われ、白居易は言葉に窮しましたが、少したって気を取り直し、
「仏教とは、何ですか」と、尋ねてみました。
　その時、禅師は、
「諸悪莫作　衆善奉行　自浄其意　是諸仏教」
と答えました。それを聞いて、白居易はがっかりし、
「それならば、三歳の子供でも知っている」
と応(こた)えるや否や、禅師は、間髪(かんはつ)を入れず、
「三つの子でも知っているが、八十歳の老人でも、これを実行できぬ」
と、切り返したといいます。

　善いこととわかってもできず、悪いこととわかっていても止められないのが私たちです。「あたま」ではわかっていても、いざ行動に移そうとすると、逡巡してしまいます。
　それを可能とするのは、仏教への深い理解と、揺らぐことのない信仰心かと考えられます。
　老舗企業の創業者たちは、仏教を学び、篤い信仰心のもと、その教えに即して実践をしていたものと推察されます。

■第4節　陰徳善事

第1項　陰徳善事

　洋の東西を問わず、成功した実業家は、生活困窮者を援助し、学校、病院、公共機関などに寄付をし、寺院や教会に寄進し、環境保全活動を推進するなど、幅広い社会貢献を行っています。自分の執着を断って、他人のために、私財を提供することですから、大変、立派な行いです。

　さりながら、「陰徳善事」は、仏道修行ですから、「安田財閥の項」(P.24)で示したように、ひけらかすことなく、他人に知られることなく、匿名で行うことが必須となります。

　名前を出して多額の寄付をすると、相手からお礼を言われたり、周りの人から賞賛されたりして、自己顕示欲が満たされ、満足感が得られます。もし、それが主目的であれば、見返りを求めた行為となります。

第2項　功徳と無功徳

　『景徳伝燈録』に、南朝梁（中国）の武帝（502 ～ 549年）の話として、次のような説話が記されています。

　　武帝は、仏教を厚く信仰し多くの寺を建立していました。そのため、世間から「仏心天子」と呼ばれていました。インドの僧、達磨大師が中国に渡って来た時のことです。

第 4 節　陰徳善事

　それを耳にした武帝は大いに喜び、礼を尽くして宮中に招きました。武帝が、
「私は、即位以来、多くの寺を造立（ぞうりゅう）し、写経したり、僧侶に多くのお布施や供養をし、これ以上の者がないほどの善い行をしました。
一体どれほどの功徳（くどく）があるでしょうか？」
と問いました。当然、
「それは立派なことをして下さいました。
仏様や菩薩様方に通じて、皇帝陛下に莫大な御利益や御功徳があるでしょう」
との言葉が返ってくると期待をしていたところ、
達磨大師の答えは、「無功徳」〔功徳など何もない〕
の一言で済んでしまったということです。

　寺院や僧侶に財物を提供するなどの社会貢献は、尊い行為です。仏道としては、さらに高い境地を求めています。
　善事は、強制や強要されるものでも、倫理的・道徳的にしなければならないことでも、功徳を求めてなすことでも、自己顕示欲を満たすために行うものでもありません。
　仏道の目的は、「心を浄く」、つまり、「一如」の境地の体得であり、また「真理」に通じる心を育むことにあります。
　たとえ、見た目には、尊い行為に見えても、心に穢れ（我執）があっては何にもなりません。善いことをしたら、それを忘

第11章 家訓にみられる仏教精神

れてしまうことが肝要です。

　達磨大師は、それを、武帝に厳しく諭したのです。

■第5節　商売は菩薩の業

第1項　仏道実践としての商売

　老舗企業の多くが、商売を利潤追求ではなく、仏道実践の場としてとらえていたことが知られています。それを「家訓」として明示したのが、伊藤忠兵衛です。その「座右の銘」に、

　　商売は菩薩の業〔行い〕、商売道の尊さは、
　　売り買い何れをも益し、世の不足をうずめ、
　　御仏の心にかなうもの。

があります（P.143「三方よし」参照）。

　商売は菩薩としての行いであり、売り手の都合だけで商いをするのではなく、買い手が満足し、自らの利益のみを追求せず、社会貢献につながる商売をすることが大切です。

　これは、一般的な解釈です。

　仏教の観点からは、商売の本質を仏道として捉え、御仏の心をもって商売すべきことを示唆していると解釈できます。

　仏や菩薩というと、寺院などに祀られている仏像や菩薩像をイメージし、人間とはかけ離れた存在のように思います。

しかし、「自ら菩提を求めるだけでなく、他をも救うこと」を目指した、慈悲心の溢（あふ）れた人、すなわち、仏道の実践者をも「菩薩」といいます。

したがって、商売は、菩薩としての行為ですから、食うがための「稼ぎ」でも、罰としての「労働」でもありません。仏に成り代わった善行であり、「一如」の境地に通じる「慈悲心」の具体的な現れに他なりません。

第2項　西洋的職業意識と仏教的職業意識

職業意識についてみると、西洋的なものと、仏教的なものとでは大きく異なります。

西洋的な職業意識は、『旧約聖書』にあるアダムとイブの逸話に由来するといわれます。

　　神が食べてはいけないと言った「知恵の実」をアダムとイブが食べてしまいました。
　　その罰として、二人は楽園から追放されることとなりましたが、そのとき神が、アダムに、
「汝（なんじ）は一生、苦しんで、地から食物を取る」
「汝は顔に汗してパンを食べ、ついに土に帰る」
と告げたのです。

労働は、命令に背いたアダムへ神が与えた懲罰（ちょうばつ）でした。

第11章　家訓にみられる仏教精神

　これに対し、仏教的職業観では、「仏道修行」と考えます。
　伊藤忠兵衛の師である七里和上は『七里和上真宗安心示談』で、

　　第一に人界に受生したる本懐(ほんかい)は、六道の迷いを脱して、本願の船に乗ずるを、目的とするにあることを忘却せず、常に大悲の御助けを念ずれば、静かなる海に、大船に乗じたる心地のするものなり。
　　この心より仏恩報謝の称名を相続すれば、例えば遊船中にありて謳歌(おうか)する心持ちにて、喜びはおのずから身に溢るるなり。この中より商業の勉強すれ〔商売に励め〕ば、念仏相続〔念仏信仰を代々継承するため〕の資本と、弘教慈善〔教えを弘め、慈悲の心から善をなす仏道実践〕の資金とを作る目的を立て、煩悩の楽しみのためには、厘毛(りんもう)〔僅(わず)かなお金〕費やさぬよう、よくよく用心を加うべし。

と、人に生まれた目的が苦界を脱することにあるとした上で、商売の目的を、信仰を代々継承していくための資本形成と、仏教を弘めるための資金作りにあることを教えています。
　つまり、職業は、慈悲心にしたがった行為であり、また、慈悲心を育てる行為でもあります。それも、自分だけでなく、自分と縁のある人や、子々孫々をも見据えています。

第5節　商売は菩薩の業

　仏道修行としての職業について、江戸初期、鈴木正三禅師(1579〜1655年、元徳川家の旗本)は、『万民徳用』に次のように著しています。

　農民に向けた「農人日用」に、

　　　ある農民が正三に問いかけました。
　　「私は仏道修行の大切さは承知していますが、田畑の仕事が忙しくてとても修行している暇がありません。どうしたらよいでしょうか」
　　　正三は応えて、
　　「農業にいそしむことがすなわち仏道修行です。信心とは暇な時にやって成仏を願うものではありません。また、そもそも来世で楽をすることを願っているようでは、成仏はおぼつかないでしょう。
　　　煩悩の多いわが身を敵と見立てて畑をすき返し、煩悩を刈り取る心で耕作するのです。辛苦の努力をし、心身を責めている時には、煩悩が生まれる余裕はありません。こうして常に仏道修行として農業にいそしめば、どうして改めて仏道修行する必要があるでしょうか」

と示し、商人に向けた「商人日用」においては、

　　　（商売をするならば正直を第一にしなさい）

第11章　家訓にみられる仏教精神

　　　正直を心がけることにより、仏神のご加護があり、災難を受けることもなく、福がもたらされ、多くの人々からの敬愛を受けて、万事が心にかないます。
　　　逆に、ひたすら、私欲に専念し、自他を隔て、人を抜いて、得利を思う人には、天道のたたりがあって、わざわいをまし、万民に憎まれ、万事思ったようにはなりません。
　　　　　　　　　　　　　　　　　（　）内 引用者加筆

と、『華厳経』に基づく「世法即仏法（せほうそくぶっぽう）」、つまり、心が浄ければ、世事と仏事は別なものではないとの理を明らかにしています。

第3項　真の布施

『般若経』に、菩薩がなすべき実践徳目として、布施（ふせ）、持戒（じかい）、忍辱（にんにく）、精進（しょうじん）、禅定（ぜんじょう）、般若（はんにゃ）の六波羅蜜行（ろくはらみつ）が説かれています。

　慈悲心にしたがった行為であり、慈悲心を磨き育てる行為でもあります。仏道修行の基本となり、仏教徒としての心構えを示しています。

　その第一番が「布施」です。
「布施」というと、葬式や法事で、僧侶に渡す金銭を思い浮かべます。最近は、葬式・法事での僧侶の読経（どきょう）に、「布施」の名目で料金が設定されていることさえあります。

　しかし、それは本来の「布施」とはいえません。ギブアン

第5節　商売は菩薩の業

ドテイクの気持ちであれば、「料金」です。「難い」との気持ちなら、「お礼」です。その心の在り方が問題であり、浄くなければなりません。

この点について、『大乗本生心地観経』に、

　　物を与え奉仕する「施し手」と、
　　奉仕を受ける「頂き手」と、
　　奉仕の手段となる「施し物」
　　の三者は「空」で「清らか」なもの、すなわち、三輪清浄でなければならない。

と説かれています。

施し手・頂き手・施し物について、穢れのないことが求めるものです。したがって、「施し手」に、何の拘りもない「浄い心」が求められることは勿論、「頂き手」にも「浄き心」が求められます。

一般的に、「布施」というと金銭や財物を思い浮かべますが、財施だけでなく、法施〔仏教を説くこと〕、無畏施〔人に安らぎをもたらすこと〕も布施となります。

さらに、無財の七施といって、①眼施〔やさしい眼差し〕、②和顔施〔笑顔〕、③言辞施〔優しい言葉〕、④身施〔思いやりの行い〕、⑤心施〔温かい心づかい〕、⑥床座施〔席を譲る〕、⑦房舎施〔家や部屋の提供〕など、金銭を伴わない布施もあ

第11章　家訓にみられる仏教精神

ります。

第4項　おもてなしとサービス

布施が、日本文化の中に溶け込んだものに「おもてなし」があります。類似したものに西洋的な「サービス」がありますが、似てはいても、本質は異なります。

1．サービス

サービス"service"は、「奉仕する、仕える」という意味であり、その語源について、一説には、「奴隷」という意味のラテン語"Servatius"にあるといわれています。

奉仕を受ける側と、提供する側の上下・主従関係のあることが前提となります。奉仕を受けた側は、その満足度に応じて、提供した側に、対価としてチップを支払うことになります。その根底にあるのはギブアンドテイクの関係です。

2．おもてなし

「おもてなし」は、「もてなし」に丁寧語「お」を付けた言葉であり、その語源については諸説あります。

一つには、聖徳太子が制定した『十七条憲法』の第1条「和を以て尊しと成す」の「以て、成す」から「もてなす」となったという説です。

目に見えるものだけでなく、心遣いなどの目には見えない

ものを「もってなす」、つまり、相手に対する念を、物や心を使って表現し、自他が和することが「おもてなし」ということです。

二つには、平安、室町(むろまち)時代に発祥した「茶の湯」に由来し、「表裏(おもてうら)なし」から生じたという説です。

表がなければ裏もない、つまり、表裏のない純粋な心をもって、主客が接するという意味です。

例えば、茶道の真髄を表した言葉に「一座建立(いちざこんりゅう)」があります。この語は、主人が一方的にもてなすだけではなく、賓(ひん)客(きゃく)もこれに応えると、心が通い合い、主客が一つとなった、清々(すがすが)しく、心地の良い空間が生まれることを教えています。「サービス」が、二元論に基づく「主客分離・上下関係」を前提とするのに対し、「おもてなし」には、主従の上下関係はありません。あるのは、主従の融和した「一如」の境地です。

第5項　企業経営と「おもてなし」

経営者が「おもてなし」とか、「利他」などと生温(なまぬる)いことをいっていては、弱肉強食の熾烈(しれつ)な競争社会では、生き残れないと考える人がいます。

経営者が「おもてなし」の心を持つことと、企業の業績を伸ばすことは、決して矛盾するものではありません。

『源平盛衰記(げんぺいせいすいき)』「小松大臣入道に教訓の事」に、

第 11 章　家訓にみられる仏教精神

　　徳をもって人に勝つ者は昌え、
　　力をもって人に勝つ者は亡ぶ

とあるように、徳を積んで人の上に立つような人は栄え、財力や武力により相手をねじ伏せ、頂点にたったような人は、一時的に隆盛を誇っても、いずれ新たなものに取って代わられ、衰退していきます。

　それが世の常であり、企業、家、社会、国家をはじめ、すべてに通じる理です。

　仏教の要諦を「家訓」のなかに織り込み、御仏の心をもって商売を営み、善事を積み重ねてきたのが老舗企業です。このような人や企業を涵養できた背景には、自然豊かな日本の国土と、仏教を基盤とした日本の社会があったものと考えられます。

　しかし、それらは、傷つき、崩壊の一途をたどっています。人々が大切に守ってきた、変えてはならないものを、変えてしまったからに他なりません。老舗企業も、そのような渦に巻き込まれ、暖簾を下すところも少なくありません。

■第6節　不易流行

第1項　松尾芭蕉の仏教精神

「不易流行」は、変えてはいけないものを守りつつ、時代に応じて新たなものを取り入れるべきことを表現しています。

俳聖松尾芭蕉(1644 〜 1694年)が俳諧の極意として表わしたものですが、企業経営にも通じることから、多くの企業の家訓になっています。

芭蕉は、奥の細道の旅に出る直前、延宝9年(1681)、37歳の時に、出家し、臨済宗の仏頂和尚(1642 〜 1715年)に印可〔悟り開いた証明〕を受け、それまでの生き方を大きく変えたと伝えられています。

仏頂和尚は鹿島(茨城県鹿嶋市)の根本寺(臨済宗、聖徳太子開基との伝承)の第21世住職でした。鹿島神宮と寺領をめぐる争いがあり、寺社奉行に裁定を仰ぐため、度々、江戸深川の臨川庵に逗留していました。

同じ深川に居住していた芭蕉は、縁あって仏頂和尚のもとへ参禅するようになりました。そして、足しげく通っているうちに、導きがあって、悟りの印可を得たのです。

その時の様子を、臨済宗の山田無文老師(1900 〜 1988年)は『心に花を』に記しています。その一部を抜粋・補足して示します。

第11章　家訓にみられる仏教精神

　梅雨晴れのある日、仏頂和尚が芭蕉庵を尋ねてきました。その足音を聞きつけて迎えに出た芭蕉を一目見て、「何か掴んだ」との心証を得た和尚は、雨後の青々とした苔にかけて、次のような公案を与えました。
「如何なるか青苔未生(せいたいみしょう)以前の仏法」
　すると芭蕉は、直ちに
「蛙(かわず)飛びこむ　水の音」
と答えました。
　すると、「珍重珍重(ちんちょうちんちょう)」。まず、そんなもんかい、禅師は快く肯(うけが)って〔うなづいて〕印可を与えられ、そして「一心法界、法界一心(いっしんほうかい、ほうかいいっしん)」の八字の書を、持っておられた如意(にょい)〔僧が読経や説法の際に使う仏具〕とともに授けられました。

禅問答ですから、解釈は色々できます。その一つです。
　仏頂和尚の問は、「青々とした苔(こけ)がここにあるが、この苔が発生する以前の仏法は何か？」とのことでした。
「苔」は現象世界、「仏法」は不変の「真理」、「一如」です。
　一つのものの両面に過ぎないものを、我執などにより、二つに分けて見ているが、「この世界の真のすがたは如何に」、つまり、「何か掴(つか)めたのか」との問いです。
　芭蕉の答えが、「蛙(かわず)飛びこむ水の音」です。
　静寂を破って、蛙が池の中に飛び込んだ響き、これが芭蕉

164

が掴んだ「青苔未生以前の仏法」であり、「宇宙の根源」ということです。

観点を変えると、「蛙」は「芭蕉」、文面にはない「古池」が「一如の世界」とすれば、芭蕉は、しからしむままに、「一如の世界」に飛び込んだ、そのような境地を体験した、とも解釈できるでしょう。

和尚は、その答えに満足し、芭蕉に印可を与えました。

後に、「古池や」が加えられて、一つの作品として完成をみることになります。俳諧として優れているだけでなく、仏教の観点からも、深淵なる教えと、高い境地を感じ取ることができます。俳諧を芸術として確立した芭蕉の原点であり、真骨頂といえるでしょう。

第2項　不易流行

「不易流行」の文言は、弟子の向井去來(むかいきょらい)が芭蕉から聞いたことを、俳諧の心構えとして記した『去来抄』の中に表されています。

　　不易を知らざれば基立(もとい)がたく、
　　不易を知らざれば基立がたく、
　　流行を辨(わきま)へざれば風あらたならず。
　　不易は古によろしく、
　　後に叶(かな)ふ句なれば、千歳(ちとせ)不易といふ。

第 11 章　家訓にみられる仏教精神

　　　流行は一時一時の變（変）にして、
　　　昨日の風今日よろしからず、
　　　今日の風明日に用ひがたきゆへ、
　　　一時流行とは云はやる事をいふなり。

現代語にしてみると、

　　　不易を知らなければ俳諧の基本が確立せず、
　　　流行を知らなければ俳諧が新しくなりません。
　　　不易は昔も今も優れているので千年の不易と言い、
　　　流行はその時々に応じて変化し、
　　　すぐに通用しなくなることもあるので
　　　一時流行というのです。

となります。
「不易」の「易」は、「変える。変わる」という意味です。よって、「不易」とは「変えないこと。変わらないこと」です。時々刻々と変化し続ける森羅万象の中で、状況が変わっても、変化しないもの、ないし変えてはならないものを意味します。「流行」とは、「変化すること」で、状況の変化に従ってどんどん変わっていくもの、あるいは変えていかなければならないもののことです。
　したがって、「不易流行」は、変化するものと、しないも

のとを峻別し、変わることのない本質的なもの中に、新しい変化を取り入れることが必要であると解釈されます。

　俳諧だけでなく、様々なものに通じる重要な教えです。

　この理にしたがえば、世の中が変わったにもかかわらず、従来の考えや方法に固執し縛られていると衰退し、変えてはならないものを変えてしまうと、滅ぶことになります。

　激動する現代においては、目先の出来事にとらわれ、「不易」より「流行」を重視する風潮が強くなっているようです。

　古来、「根無し草に花は咲かない、信念がなければ人生に花は咲かない」ともいいます。

「不易」を軽視すると、経営の基軸をも失いかねません。このような時期だからこそ、しっかりと「不易」たるところを見定め、堅持すべきでありましょう。

第3項　風雅の誠

「不易流行」は、意義深い教えであり、わかりやすいこともあって、様々な場面で使用されます。しかし、これは序章に過ぎません。その文の前には、仏教の真髄にもつながる、重要な教えが記されています。

　それが、

　　蕉門に千歳不易の句、一時流行の句と云有。
　　是を二ツに分つて教へ給へども。

第11章　家訓にみられる仏教精神

　　其基は一ツ也

です。現代語にしてみると、

　　芭蕉は、俳諧の奥義(おうぎ)を教える際、永遠の「不易」と、
　　一時の「流行」に分けて教えたけれども、
　　根本においては一つです。

　同じことを、芭蕉のもう一人の弟子、服部土芳(はっとりとほう)は『三冊子』に、

　　師の風雅(ふうが)に万代不易あり、一時の変化あり。
　　この二つにきはまり、その本一つなり。
　　その一といふは風雅の誠なり。

と、著しています。現代語にすると、

　　師の風雅(俳諧)には、永遠に変わらないものと、
　　時代によって変化するものとがります。
　　この二つは究極において、その根本は一つです。
　　その一つというのは風雅の誠であります。

となります。

つまり、芭蕉は、俳諧を教える時、不易と流行を便宜的に分けたけれども、根本は一つであり、その本質は「風雅の誠」であるということです。
「風雅」は俳諧を意味し、「誠」は真心をいいますから、「風雅の誠」は、我執を離れた「一如の境地」と考えられます。
　例えば、雲一つない秋の夜、静寂に包まれた山里で、心静かに虫の音に耳をすませながら、心静かに月を見上げているうちに、いつのまにか、大自然に溶け込み、一つになったような感覚を味わうことがあります。
　芭蕉は、このような体験を踏まえた上で、弟子に「一如」の何たるかを伝えるために、まずは、不易と流行を便宜的に分けて示し、次のステップで、その根本には、不易も流行もなく、「一如」であることを教えたものと解釈されます。
「風雅の誠」こそ、印可を受けた、俳聖松尾芭蕉が、俳句に込めた境地であり、それが真理であるが故に、美しく、人々の心に響くのでありましょう。

第4項　不易流行と老舗企業の経営

　経営は、「織物の経糸・経典」の意味を持つ「経」と、「執り行う」の意味を持つ「営」から成り立っています。
　織物を織る際には、経糸を並べて張り、そこに緯糸を通し、美しい模様や絵柄を描きだしていきます。
　ビジネスだけでなく、人の生き方においても同じです。

第11章　家訓にみられる仏教精神

　まずは「不易」たる経糸をしっかりと張り、そこに「流行」である緯糸を通していくことが必要です。
　そこで、何を「経糸」とするか。それが要(かなめ)となります。
　人の経験則や定書など、一見、不変性があるように見え、頼りたくなります。確かに、しばらくは通用しますが、世の中が変わるにつれ適合しなくなっていきます。
　たとえば、国の根幹を定めた憲法であってさえ、その歴史を辿ると、不変性があるとはいえません。
　こうした中であっても、「不変の真理」である仏教(智(ち)慧(え))を、「家訓」に取り込み、御仏の心(慈悲)を我が心として、あるがままに(自然法爾)、長きにわたる寿(いのち)を得て、色鮮やかな布を織り続けることができた。それが老舗企業であると考えます。
　なお、創業者から発した信仰が、どこまで、またどのような形で継承してきたかは、判然としません。ただ、何らかの形で影響を与えていることには間違いないと推量します。

結びにかえて

　創業者の信仰を嚆矢とし、家訓に内包された「仏の智慧」を「経糸」に、篤い信仰心と強い使命感から湧きいずる「慈悲」を「緯糸」に、御仏の心を我が心として、長き寿を得て、商売を続けてきたのが老舗企業です。

　自然豊かな国土の中で、仏教を基盤として、和を尊ぶことを国是とし、平和な社会を築き、人の心を涵養してきた日本において、このような老舗企業が数多く誕生したのも首肯できることでしょう。

　しかし、今、人に優しく老舗企業のゆりかごだった日本は、大きく様変わりし、その機能を果たすことはできなくなってきています。

　市場原理にもとづく効率化が押し進められ、強者と弱者が切り分けられています。また、人口減と超高齢化が急速に進み、首都圏と地方、富裕層と貧困層、世代間・世代内など、様々な対立が顕在化し、時を追うにつれ、混迷の度を深めています。

　また、昨今、それなりの学識や地位を有する人たちが頭を下げる光景を目にすることが多くなりました。個人だけでなく、組織ぐるみで行う、不正や不祥事も頻発しています。

　心が浄ければ、ものごとがありのままに観ることができ、何をなすべきか、何をなさざるべきかの判断ができ、正道を

歩むことができますが、我執に捉われると、目が曇り、道を過ります。

　閉塞する社会において、かろうじて残っていた仏教精神の余韻も薄れ、仏教に則った徳的規範も喪失し、道徳心を保つことさえ困難になってきています。人々は、物質主義に陥り、拠り所とすべきものもなく、自分で自分の心をコントロールできずに、暗闇の中を、何かを求めて彷徨(さまよ)っているようです。

　今こそ、老舗企業の創業者にならい、経糸たるべきものを確立すべきでありましょう。

　　　埋火や壁には客の影法師　　　　　　芭蕉

　古き信を去り、仏の智慧を得て灯火(ともしび)となし、己を見つめ直すべき時かと思います。　　　　　　　　　　　　　　合掌

あとがき

「真の仏教」との出遇いは、北海道で教鞭をとっていた頃のことでした。

一日の講義が終わり、降りはじめた雪を眺めていた時、一本の電話がかかってきました。帰途についた学生の車が、雪でスリップし、対向車と正面衝突を起こしたとのこと。

4人の若い命が北の大地に散りました。冷たくなった我が子に取りすがり、泣き叫ぶ両親の姿は、惨憺たるものでした。

この世の無常を感じるとともに、
「この子たちは、何のために生まれてきたのか」
「人間とは何か」
との疑問が湧き、頭から離れなくなりました。

文献を読み漁りましたが、納得できる答えを見いだすことができずに悶々としていた時、善き友より誘いがありました。

その時までは、「仏教なんて」との思いがあり、「無宗教」を標榜して、憚ることがありませんでした。

「すごい」の一言。本物の凄みに、衝撃が走りました。
「学者もの知らず」を思い知らされました。

抱いていた疑問が氷解し、心底からの感動を味わうことができました。

ここで取り上げた老舗企業の創業者の多くも、同じ体験をし、同じ念いをもったものと思います。

それが老舗企業「長寿」の根源だったといえるでしょう。

しかしながら、一方では、「悟りを開いた釈尊の頭の中を、上から見ると、大きなクエスチョンマークがあった」と、ある仏教者が表現していましたが、まさにその通り。
　専門書にも取り組みましたが、難解そのもの。拠点を岐阜に移したこともあって、仏教大学に研究の場を求めました。
　今は、自称「無宗教」は過ちであり、「若い時に、仏法はたしむべきもの」との思いを強くしています。
　退職を機に、念いを形にすべく筆を執りましたが、試行錯誤しているうちに、時が過ぎていきました。
　サンライズ出版の矢島潤氏のサポートと後押しがあって、ようやく、出版に漕ぎ着けることができました。
　ここに改めて、篤く感謝を申し上げます。

　人として生まれたならば、聴くべきもの。
　聴聞できたならば、実践すべきもの。
　それが釈尊の教えです。

　とても、十分とは言いがたいものですが、何かを感じていただければ、幸いに存じます。　　　　　　　　　　　合掌

　　　令和7年4月8日

　　　　　　　　　　　　　　　　　　　　　　　小倉幸雄

主要参考文献

【老舗企業関連】

伊藤忠商事株式会社社史編集室『伊藤忠商事100年』伊藤忠商事、1969年
古川鐵治郎編集・発行『在りし日の父』1937年
占部都美 監訳『日本の経営』ダイヤモンド社、1958年
江頭恒治『近江商人中井家の研究』(復刻版)雄山閣、1992年
小倉栄一郎『近江商人の理念』サンライズ出版、2003年
北康利『陰徳を積む　銀行王・安田善次郎伝』新潮社、2010年
末永國紀『近江商人学入門』サンライズ出版、2004年
鈴木鉄心・他編、出版『万民徳用』1977年
住友史料館『住友の歴史』(上・下)思文閣出版、2013年
住友修史室編纂・発行『泉屋叢考』1981年
芹川博通『日本の近代化と宗教倫理』多賀出版、1997年
大本山永平寺『永平寺建造物調査報告書』大本山永平寺、2018年
帝国データバンク史料館・産業調査部編『百年続く企業の条件』朝日新聞出版、2009年
中川明四著・出版『宗寿大居士行状』1943年
中田易直『三井高利』吉川弘文館、1991年
野村進『千年、働いてきました　老舗企業大国ニッポン』角川書店、2006年
三井文庫編『三井事業史・資料篇1』1973年
山本安次郎・他訳『経営者の役割』ダイヤモンド社、1968年
由井常彦『安田善次郎』ミネルヴァ書房、2011年
安田善治郎『富之礎』昭文堂、1911年
吉田實男『商家の家訓』清文社、2010年
AKINDO委員会『三方よし』9号、1998年

【仏教関連】
石田瑞麿編『世界の名著・親鸞』中央公論社、1969年
紀野一義『仏との出会い』筑摩書房、1971年
雲井昭善編『業思想研究』平楽寺書店、1979年
古典保存会著・出版『上宮聖徳法王帝説』1928年
菅谷章『宗教を問う』原書房、2006年
佐々木徳量編『七里和上　真宗安心示談』洗心書房、1911年
鈴木鉄心編『鈴木正三道人全集』山喜房仏書林、1962年
鈴木大拙「禅の世界」『鈴木大拙選集』（第3巻）春秋社、1949年
鈴木大拙『禅のつれづれ』河出書房新社、2017年
鈴木大拙『浄土系思想論』法蔵館、1991年
鈴木大拙著・佐々木閑訳『大乗仏教概論』岩波書店、2014年
鈴木大拙『無心ということ』角川学芸出版、2012年
鈴木大拙編『妙好人　浅原才市集』春秋社、1999年
中村元『中村元の仏教入門』春秋社、2014年
中村元『中村元　仏教の教え　人生の知恵』河出書房新社、2012年
中村元『仏教の真髄』麗澤大学出版会、2004年
中村元訳『ブッダ最後の旅』岩波文庫、1999年
中村元訳『ブッダの真理のことば・感興のことば』岩波文庫、1997年
西田幾多郎『善の研究』岩波書店、1979年
畑中章宏『廃仏毀釈』筑摩書房、2021年
平岡聡『〈業〉とは何か』筑摩書房、2016年
増谷文雄『阿含経による仏教の根本聖典』大蔵出版、1993年
水野弘元『仏教要語の基礎知識』春秋社、1999年
宮沢賢治『春と修羅』ほるぷ出版、1985年
山田無文『心に花を』春秋社、1979年

【その他】
E・キューブラー－・ロス著、鈴木昌訳『死ぬ瞬間』読売新聞社、2009年
古典研究会『源平盛衰記』汲古書院、1973年

角田忠信『右脳と左脳―その機能と文化の異質性―』小学館、1982年
程大位『新編直指算法統宗』河内屋八兵衛、1675年
パスカル著、前田陽一・他訳『パンセ』中央公論新社、1973年
パスカル著、由木康訳『パンセ』白水社、1990年
松本郁代『天皇の即位儀礼と神仏』吉川弘文館、2017年
松平親氏顕彰会『松平由緒書』2010年
向井去来・他『去来抄・三冊子・旅寝論』岩波書房、1939年
吉田光由著、大矢真一校注『塵劫記』岩波書店、1977年

【経典】

経典・論書について、大正新脩大蔵経(以下『大正蔵』)に収蔵されているものは、ナンバーを付して表示。
求那跋陀羅訳『雑阿含経』(大正蔵99)
般若訳『大乗本生心地観経』(大正蔵159)
維祇難等訳『法句経』(大正蔵210)
玄奘訳『大般若波羅蜜多経般若経』(大正蔵220)
鳩摩羅什訳『妙法蓮華経』(大正蔵262)
実叉難陀訳『大方広仏華厳経』(大正蔵279)
菩提流志訳『大宝積経』(大正蔵310)
康僧鎧訳『仏説無量寿経』(大正蔵360)
畺良耶舎訳『仏説観無量寿経』(大正蔵365)
鳩摩羅什訳『仏説阿弥陀経』(大正蔵366)
瞿曇般若流支訳『正法念処経』(大正蔵721)
迦葉摩騰・法蘭訳『四十二章経』(大正蔵784)
善無畏訳『大毘盧遮那成仏神変加持経』(大正蔵848)
不空訳『金剛頂一切如来真実摂大乗現証大教王経』(大正蔵865)
曇無讖訳『優婆塞戒経』(大正蔵1488)
川合清丸訳『国訳父母恩重経』日本国教大道社、1898年

【論書】
世親造、玄奘訳『阿毘達磨倶舎論』（大正蔵1559）
肇『肇論』（大正蔵1858）
空海『秘密曼荼羅十住心論』（大正蔵2425）
道元『正法眼蔵』（大正蔵2582）
親鸞『末燈鈔』（大正蔵2659）
入矢義高監修・景徳伝灯録研究会編『景徳伝灯録』禅文化研究所、1997年

【辞書】
中村元『仏教語大辞典』（縮刷版）東京書籍、1981年
中村元・他『岩波仏教辞典』（第二版）岩波書店、2002年
新村出編『広辞苑』（第六版）岩波書店、2008年
鎌田正・他『新漢語林』大修館書店、2005年
山口佳紀編『語源辞典』講談社、1998年

【データベース】
愛知県図書館 データベース
国書 データベース
国立国会図書館 デジタルコレクション
浄土宗全書 テキストデータベース
大正新脩大蔵経 データベース

■著者プロフィール

小倉幸雄（おぐら・ゆきお）

1956年、東京生まれ。岐阜県在住。
亜細亜大学大学院経営学研究科博士課程後期単位取得退学。
仏教大学大学院文学研究科修士課程修了。
専修大学北海道短期大学助教授、岐阜経済大学（現岐阜協立大学）
教授、経営学部長を経て退職。

仏教から読み解く老舗企業「長寿」の不思議
ブッダの「智慧」がサステナブルな組織を育む

2025年4月8日　第1刷発行

著　者　　小倉　幸雄

発行者　　岩根　順子

発行所　　サンライズ出版
　　　　　〒522-0004 滋賀県彦根市鳥居本町655-1
　　　　　TEL 0749-22-0627　FAX 0749-23-7720

印刷・製本　シナノパブリッシングプレス

© Ogura Yukio 2025　無断複写・複製を禁じます。
ISBN978-4-88325-846-8　Printed in Japan
乱丁・落丁本はお取り替えいたします。
定価はカバーに表示しています